Era verde?

Ecossistemas brasileiros ameaçados

ZYSMAN NEIMAN

Conforme a nova ortografia

24ª edição reformulada

Atual Editora

SARAIVA S.A. Livreiros Editores
Rua Henrique Schaumann, 270 – Pinheiros
05413-010 – São Paulo – SP
Fone: (0xx11) 3613-3000
Fax: (0xx11) 3611-3308 – Fax vendas: (0xx11) 3611-3268
www.editorasaraiva.com.br

Dados Internacionais de Catalogação na Publicação (CIP)

Neiman, Zysman.
Era verde? : ecossistemas brasileiros ameaçados. – São Paulo
24. ed. reform. – Atual, 2013. – (Série Meio Ambiente).

Bibliografia
ISBN 978-85-357-1422-7
ISBN 978-85-357-1390-9 (professor)

1. Conservação da natureza – Brasil 2. Ecologia 3. Ecossistemas – Brasil I. Título.

CDD-577.0981

Índice para catálogo sistemático:
1. Brasil : Ecossistemas : Ciências da Vida 577.0981

Gerente editorial: Rogério Carlos Gastaldo de Oliveira
Editora-assistente: Solange Mingorance
Auxiliares de serviços editoriais: Flávia Andrade Zambon e Amanda Lassak
Coordenação e produção editorial: Todotipo Editorial
Pesquisa para atualização: Marcelo T. C. de Oliveira, Claudia Lucia Setti de Almeida e Cristina Astolfi Carvalho
Preparação de texto: Tereza Gouveia
Pesquisa iconográfica: Cristina Akisino (coord.)/Tempo Composto
Revisão: Rita Sam, Danielle Modesto e Isadora Prospero
Projeto gráfico e diagramação: Rosa Design Gráfico
Produtor gráfico: Rogério Strelciuc
Foto de capa: Vista aérea de pastagem em Poconé (MT), no pantanal mato-grossense.
© Palê Zuppani/Pulsar Imagens
Imagem do sumário: Ninho de tuiuiús, aves símbolo do pantanal, em copa de árvore seca, em Poconé (MT), em agosto de 2010. © Artur Keunecke/Pulsar Imagens

24ª edição / 1ª tiragem
2013

Visite nosso site: www.atualeditora.com.br
Central de atendimento ao professor: 0800-0117875

Impressão: EGB - Editora Gráfica Bernardi Ltda.

Apresentação

Vivemos uma época de grandes preocupações ecológicas. Estamos diante de um cenário de tal degradação ambiental que já existe ameaça à continuidade da vida humana, e de outras espécies, em nosso planeta. Ao longo de sua história evolutiva, o ser humano tem sido o maior responsável pela destruição da natureza, mas nunca chegou tão longe. A poluição, os desmatamentos, a exploração irracional dos recursos naturais e a degradação dos solos agricultáveis atingiram, no último século, níveis inadmissíveis.

O Brasil ainda possui uma das maiores áreas naturais preservadas de todo o mundo. Mas nem por isso a devastação aqui é menor. A Organização Mundial para a Agricultura e Alimentação (Food and Agriculture Organization – FAO), órgão ligado à Organização das Nações Unidas (ONU), considerou o Brasil o país que mais destruiu seus ecossistemas nas décadas de 1970 e 1980. E já no início do século XXI, ainda segundo a FAO, nosso país destina 61% da sua água doce ao setor primário da economia, opção que afeta nossos mananciais e, como consequência, nossos ecossistemas.

Com o debate nacional em torno das questões ambientais, inaugurado no final do século XX e tendo como foco os destinos da Amazônia, da mata atlântica e do pantanal, a população brasileira foi colocada diante de um quadro pouco otimista quanto ao futuro do meio ambiente. Diversas associações de defesa da natureza, criadas nos últimos anos, divulgaram o pensamento ecológico, de modo que qualquer cidadão brasileiro razoavelmente informado está ciente do problema. A imprensa nacional, assim como as redes sociais e a blogosfera, tem também desempenhado um papel fundamental na difusão e na discussão dessas informações, uma vez que tornam públicos importantes problemas ambientais, alertando a todos sobre seus efeitos desastrosos. Entretanto, a disseminação das informações técnicas é muitas vezes deficiente e não permite ao cidadão comum argumentar em prol da preservação sem cair em "romantismos", persistentes em alguns setores dos movimentos ecológicos brasileiros.

Esta obra tem por objetivo central contribuir para a formação de uma consciência nacional sobre a questão do meio ambiente. Procurando apresentar um quadro amplo de nossos problemas, sobretudo aqueles referentes aos ecossistemas mais importantes, pretendemos ajudá-lo a compreender a gravidade da situação e a refletir sobre possíveis soluções. Na tentativa de mostrar um panorama ambiental brasileiro sob diversos ângulos, discutimos as principais notícias divulgadas pelos órgãos de imprensa, confrontando as posições do governo, as propostas dos cientistas e das entidades de defesa do meio ambiente e a opinião da sociedade em geral. Todos os dados quantitativos apresentados foram extraídos da bibliografia relacionada no final do livro.

Por sua complexidade, a questão ambiental requer uma abordagem multidisciplinar. No entanto, a ênfase maior foi dada aos aspectos biológicos dos diversos ecossistemas. Os fatores políticos e sociais, porém, ainda que tratados de maneira menos exaustiva, não foram ignorados: qualquer análise da ocupação das áreas naturais que não considerasse esses fatores seria unilateral e simplista.

Uma vez que as questões levantadas jamais se esgotariam nas poucas páginas aqui escritas, o livro caracteriza-se como um pequeno resumo. Acreditamos, no entanto, que a obra contribui para informar sobre os principais problemas ambientais brasileiros, de modo que você possa, com argumentação bem fundamentada, desempenhar seu papel na luta por uma vida melhor para todos.

Zysman Neiman

Professor doutor do Departamento de Ciências Biológicas da Universidade Federal de São Paulo (Unifesp), *campus* Diadema, pesquisador do curso de Ciências Ambientais e coordenador do Laboratório de Ecologia Humana e Educação Ambiental

Este livro é dedicado àqueles que no passado lutaram pela defesa da natureza, àqueles que hoje prosseguem com a luta e, principalmente, àqueles que no futuro pretendam lutar, pois serão estes que farão tudo ter valido a pena.

Aos meus familiares, pela paciência e pelas horas de convívio cedidas para a confecção desta obra.

Aos colegas biólogos, Hilton, Dida, Paula, Danusa e Maria Fernanda, pela leitura dos originais e pelas sugestões preciosas.

Aos colegas Marcelo e Claudia Lucia, pelas pesquisas para atualização, pelas sugestões bibliográficas e pela leitura dos originais.

Aos colegas Adriana Soares Netto, José Manoel Martins, Wilson Ferrari, Miguel Truffaut Rodrigues e Denise B. Oliveira.

À Renata, por todo o apoio durante a elaboração deste livro e pela leitura dos originais.

Ao Instituto Ipá Ti-uá e ao Instituto Physis, pelo empréstimo de livros e textos.

À direção da Logos, que apoiou minha iniciativa de ministrar a seus alunos o curso "Ecossistemas Brasileiros", protótipo deste livro, e à Universidade Federal de São Paulo, que atualmente dá suporte ao desenvolvimento das minhas pesquisas com temática ambiental.

*Ao Professor do Departamento de Ecologia Geral do Instituto de Biociências da Universidade de São Paulo, Sergio de Almeida Rodrigues (*in memoriam*) que me forneceu ampla consultoria para a elaboração desta obra.*

E a todos aqueles que, apesar de não terem sido citados acima, colaboraram de alguma maneira para a realização deste trabalho.

© ARTUR KEUNECKE/PULSAR IMAGENS

INTRODUÇÃO

A devastação ambiental

Em outubro de 2011, o número de seres humanos no planeta Terra atingiu sete bilhões, e a Organização das Nações Unidas (ONU) apresentou estimativas para o ano de 2050, quando poderemos chegar a 9,2 bilhões de pessoas. Esse número é impressionante se pensarmos que há dois ou três mil anos, quando ocorreu a invenção da escrita, éramos cerca de seis milhões de pessoas. Para se ter uma ideia do que isso representa, basta verificar que a população da Terra chegou a três bilhões de habitantes em um período de trinta mil anos e levou apenas trinta anos para ultrapassar o dobro desse número. Esse aumento populacional, aliado à má distribuição da riqueza, ao escoamento de alimentos dos povos pobres para os ricos e ao extremo consumismo dos países desenvolvidos, tem transformado o ser humano em uma ameaça aos demais seres do planeta. Para garantir nossa sobrevivência, estamos dizimando a biosfera*. A ampliação crescente da produção de alimentos e da obtenção de matéria-prima para as indústrias pode provocar, em curto espaço de tempo, o colapso dos sistemas biológicos.

* As palavras em destaque encontram-se no Glossário.

Sempre houve agressões humanas ao meio ambiente, mas certamente o grau que elas atingiram no século XX e neste século é inusitado. Foi a aceleração do desenvolvimento industrial, a partir da segunda metade do século XIX, a grande responsável pela crescente necessidade de exploração dos recursos naturais para a produção de matérias-primas. Os países mais desenvolvidos, pagando o preço de seu progresso, logo esgotaram seus minerais e boa parte de sua biomassa, usada como fonte energética. Florestas inteiras foram queimadas para alimentar fornos industriais, obtendo-se, como produto secundário dessa atividade, a poluição do meio ambiente.

Segundo a Agência de Monitoramento Ambiental da Holanda (em holandês *Planbureau voor de Leefomgeving* – PBL), as emissões globais de dióxido de carbono (CO_2) tiveram um aumento de 3% em 2011, atingindo 34 bilhões de toneladas em 2011. Após uma diminuição em 2008 e um aumento de 5% em 2010, a primeira década do século XXI assistiu a um aumento médio anual de 2,7%. Os cinco maiores emissores são a China (29%), os Estados Unidos (16%), a União Europeia (11%), a Índia (6%)

Países que mais contaminam com CO_2

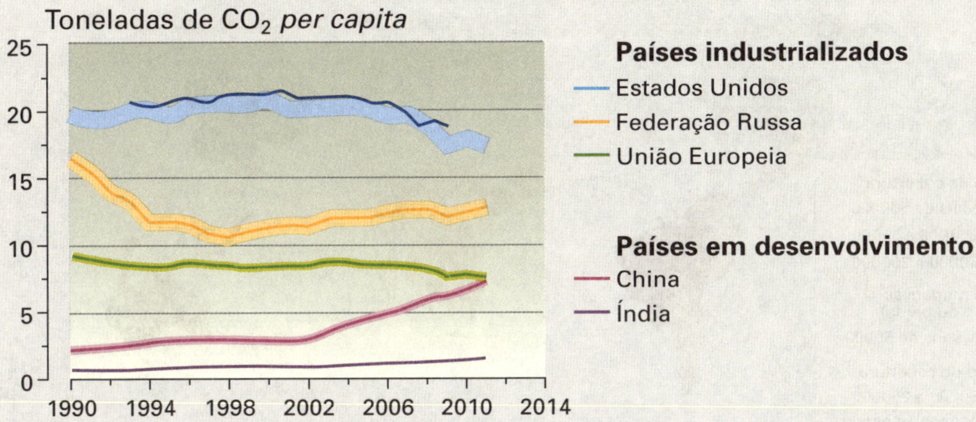

IMAGEM DIGITAL DE MARIO YOSHIDA

Fonte: Adaptado de OLIVIER, Jos G. J.; JANSSENS-MAENHOUT, Greet; PETERS, Jeroen A. H. W. *Long-term Trend in Global CO_2 Emissions – 2012 Report*. Haia: PBL Netherlands Environmental Assessment Agency/Institute for Environment and Sustainability (IES) of the European Commission's Joint Research Centre (JRC), 2012.

e a Federação Russa (5%), seguida pelo Japão (4%). Esses dados não incluem as emissões da queima de biomassa, como incêndios florestais, muito comuns no Brasil e cuja medição é precária.

Uma vez devastados seus territórios, os países ricos buscaram explorar as matérias-primas em países menos desenvolvidos, de onde obtêm, atualmente, boa parte do que precisam para suprir suas necessidades de produção e consumo. O efeito, é claro, tem sido a continuidade da devastação ambiental. Se o ritmo em que ela vem ocorrendo for mantido, assistiremos a um processo de extinção somente comparável ao ocorrido há 65 milhões de anos, quando a maioria das espécies animais, entre elas os grandes dinossauros, desapareceu completamente de nosso planeta (por causas ainda pouco conhecidas, existindo diversas hipóteses).

As florestas tropicais do mundo começaram a ser destruídas na década de 1940, principalmente na Ásia, cujas florestas já perderam grande parte de sua área original. Devido a seu potencial madeireiro, a América Latina é hoje o alvo principal. Se estratégias de conservação não forem implementadas de forma eficiente, até o final deste século poderemos perder 75% de todas as matas do globo. No início do século XXI, a perda líquida anual representava 5,2 milhões de hectares, considerada alta, apesar dos avanços no controle do desmatamento (vale lembrar que essas perdas anuais já foram de cerca de 15 milhões de hectares de árvores no final do século XX). As florestas tropicais, além de responsáveis por mais de 40% do abastecimento de madeira de lei, são vítimas de grande desperdício. A maior parte das clareiras é aberta para a expansão de fazendas, onde as árvores são simplesmente cortadas e queimadas no local.

Mudanças na cobertura florestal global (2005-2010) por ha/ano

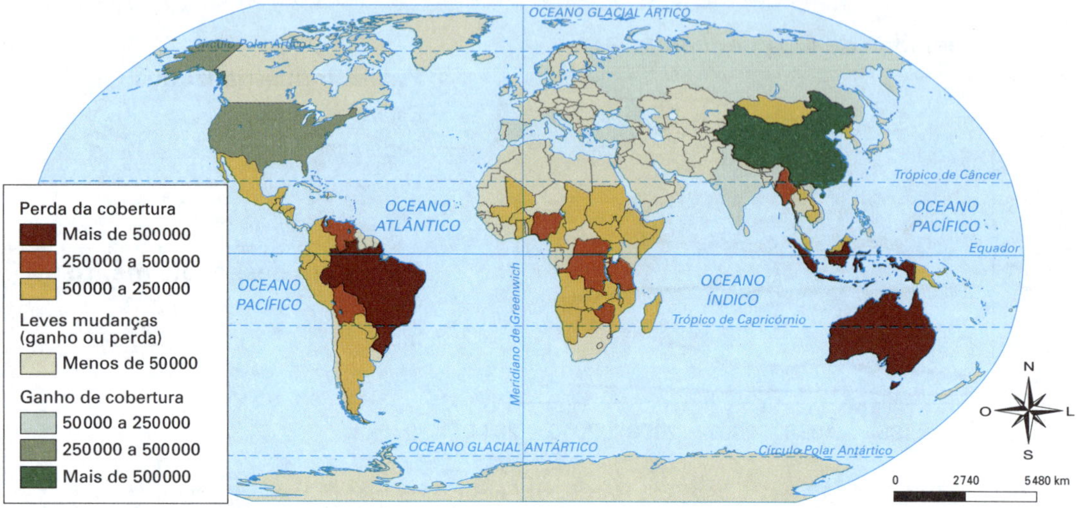

IMAGEM DIGITAL DE MARIO YOSHIDA

Fonte: ORGANIZAÇÃO MUNDIAL PARA A AGRICULTURA E ALIMENTAÇÃO (FAO) – Departamento Florestal. *Evaluación de los recursos florestales mundiales*, 2010. Disponível em: <http://foris.fao.org/static/data/fra2010/KeyFindings-es.pdf>. Acesso em: 23 out. 2012.

A DEVASTAÇÃO NO BRASIL

O Brasil tem ocupado o centro das atenções internacionais devido à manutenção do título de maior desmatador do planeta. São milhares de focos de devastação por todo o país, ocasionados por impactos ecológicos sérios nos manguezais, ocupação irracional da Amazônia, destruição de dunas no Ceará, poluição dos polos petroquímicos, ameaças ao pantanal, extinção da mata atlântica, incêndios criminosos no cerrado e outras incontáveis agressões ao meio ambiente.

A concepção de desenvolvimento como acúmulo de riquezas a qualquer custo alimenta a ideia muito difundida de que "animal é bicho para se matar e floresta é mato para se derrubar", contribuindo para que nada seja feito para diminuir a devastação. Isso fica claro em diversas declarações de personalidades brasileiras, políticos, empresários etc., que veem certo tipo de desenvolvimento, depredatório, como "o único caminho possível" para um "progresso inevitável".

Por exemplo, em 2011 era possível ver na mídia o posicionamento de muitas pessoas a favor da construção de 62 hidrelétricas previstas para a região do pantanal (se todas forem construídas, irão contribuir com apenas 1,33% da energia hidrelétrica gerada no país!). Elas afirmavam que a renúncia a essas obras poderia comprometer o alcance das metas do planejamento energético brasileiro. Opiniões desse tipo retratam bem a concepção de crescimento que vigora (ou pelo menos vigorou até agora) no Brasil e não chegam a chocar a maioria da população, pois ainda há grande falta de informação sobre a possibilidade do desenvolvimento sustentável. Uma consequência imediata desse desconhecimento é o descaso com que as autoridades vêm tratando o meio ambiente em nosso país. Até 2010, o Brasil havia cumprido apenas duas das 51 metas nacionais para a preservação da biodiversidade, segundo dados do relatório do Ministério do Meio Ambiente preparado para a décima edição da Conferência das Partes sobre Biodiversidade (COP-10), realizada naquele ano em Nagoya, no Japão. Essas metas haviam sido estipuladas por resolução da Comissão Nacional de Biodiversidade (Conabio) em 2006.

Apesar de tudo, esse quadro de desinformação parece, finalmente, estar se alterando. A devastação ambiental chegou a tal ponto que não consegue mais passar despercebida. A atuação dos principais grupos ecológicos formados no Brasil teve um papel fundamental no início de uma mudança nacional de atitude diante do problema. Centenas de entidades foram criadas desde o final do século XX, formando um dos movimentos mais vigorosos da sociedade civil já surgidos no Brasil. A falta de definição de propostas desses movimentos atravancou durante muito tempo o encaminhamento correto da discussão sobre o meio ambiente, mas, após uma fase inicial turbulenta, parece que os chamados "verdes" encontraram um caminho mais interessante de ação. Ao contrário da defesa apaixonada da "mãe natureza", os ecologistas atuais atacam com argumentos consistentes, o que os transformam em eficientes opositores aos devastadores. O apoio da comunidade científica foi fundamental para essa conquista. Graças à luta dos ecologistas, o meio ambiente ganhou o destaque que merecia nos órgãos de comunicação de massa e hoje é, sem dúvida, um dos grandes temas nacionais.

Surgiu, assim, uma nova filosofia para o meio ambiente. Cuidar da natureza não significa simplesmente conservar orquídeas, deixar de cortar árvores ou de matar borboletas. Na abordagem atual, privilegia-se a ideia de conciliar o desenvolvimento com a conservação ambiental e com a melhoria da qualidade de vida do ser humano.

Apesar de todo o avanço conseguido, nossos ecossistemas continuam sendo impiedosamente agredidos. Procuramos traçar, nos capítulos seguintes, um esboço da situação dos principais ecossistemas brasileiros, descrevendo suas características, apresentando um pequeno histórico de sua ocupação e, finalmente, discutindo algumas alternativas à destrição propostas por cientistas e especialistas em meio ambiente. Como veremos, as perspectivas são pouco animadoras, mas cada um de nós pode desempenhar um papel importante na luta pela conservação de toda a exuberância que a natureza levou milhões de anos para construir.

Para facilitar a compreensão dos problemas ambientais brasileiros, vamos, antes, examinar alguns aspectos gerais do funcionamento dos ecossistemas e apresentar, resumidamente, os principais fatores socioeconômicos e políticos envolvidos no processo de devastação.

FUNCIONAMENTO BÁSICO DE UM ECOSSISTEMA

Ecossistema é o conjunto formado pelos elementos abióticos, como a água e os minerais, e pelos elementos bióticos, como plantas, animais, bactérias e fungos – que em determinado meio fixam matéria e

Ecossistema		
Componentes abióticos	**Componentes bióticos**	
Matéria inorgânica: água, minerais etc.	Matéria orgânica: plantas, animais, bactérias, fungos etc.	
	Autótrofos	**Heterótrofos**
	Produtores: produzem o próprio alimento a partir da fotossíntese.	Compositores: alimentam-se de outros seres vivos. Decompositores: alimentam-se de matéria orgânica após a morte de um produtor ou consumidor.

Fonte: Organizado pelo autor, 1989.

energia. Os componentes bióticos de um ecossistema podem ser divididos em duas categorias: a dos autótrofos, ou seja, aqueles que são capazes de fixar a energia luminosa e produzir o próprio alimento a partir de substâncias inorgânicas, e a dos heterótrofos, que precisam se alimentar de outros seres vivos. Os autótrofos também são chamados de produtores, pois fornecem toda a energia aos demais seres vivos. A essa categoria pertencem as plantas que realizam a fotossíntese. Os heterótrofos, por sua vez, dividem-se em dois grupos: o dos consumidores, que se alimentam de outros seres vivos, e o dos decompositores, que se alimentam e obtêm energia da decomposição da matéria orgânica após a morte de um produtor ou de um consumidor.

Os componentes dos ecossistemas mantêm entre si relações intrincadas. Os produtores absorvem a energia solar e utilizando os elementos abióticos minerais produzem matéria orgânica. A energia captada pelas plantas produtoras permite a ocorrência dos complexos processos metabólicos que garantem suas vidas. Os consumidores, ao se alimentarem das plantas, adquirem parte dessa energia e, com isso, também podem sobreviver. Ao morrerem, tanto as plantas (produtoras) como os animais (consumidores) fornecem alimento para os decompositores. Esses, por fim, eliminam, assim como o fazem os consumidores, matéria inorgânica, que pode ser utilizada novamente pelas plantas.

Damos o nome de teia alimentar a todas essas relações entre os seres vivos que garantem um constante fluxo de matéria e energia pelo ecossistema.

As teias alimentares e todas as demais inter-relações dos seres vivos demoram milhões de anos para se formar e estão em contínuo processo de modificação. Os ecossistemas, como nós os conhecemos atualmente, são produto de uma história evolutiva única, e sua estabilidade está garantida pelo equilíbrio entre seus diversos componentes. As alterações naturais que sofrem são, via de regra, muito lentas, ao passo que mudanças bruscas em qualquer elo de seu sistema podem conduzi-los ao colapso total. A extinção de uma espécie de predadores, por exemplo, é capaz de levar à superpopulação de determinadas espécies que lhe serviam de presa e, com isso, desequilibrar toda a teia alimentar. Equilíbrio ecológico é justamente a situação em que as populações de produtores, consumidores e decompositores

Esquema de teia alimentar, que garante fluxo constante de matéria e energia pelo ecossistema.

O aumento populacional gera uma demanda cada vez maior do uso de recursos naturais. Fotografia digital.

mantêm-se em proporções ideais para que todos possam sobreviver. Esse equilíbrio também implica uma relação ótima com o meio abiótico, do qual apenas os produtos essenciais são extraídos e as condições naturais não são alteradas.

Quanto mais complexo é um determinado ecossistema, mais frágil e menos resistente a alterações ele se torna, uma vez que comporta mais pontos de possíveis desequilíbrios. E são os ecossistemas mais complexos, como as florestas tropicais, por exemplo, os que mais têm sofrido com a ação predatória humana.

POR QUE O SER HUMANO DESTRÓI A NATUREZA?

Apesar de não ser o único fator, o crescimento populacional é, sem dúvida, um dos principais responsáveis pela devastação ambiental. Para alimentar um contingente cada vez maior de seres humanos, é necessário ocupar mais áreas de cultivo. Além disso, espalhados por todo o planeta, os seres humanos necessitam tanto de sistemas de transporte que levem os alimentos do local de produção para os centros consumidores como da multiplicação de fábricas de adubos, de pesticidas e de máquinas agrícolas. Quanto maior nossa população, maiores a necessidade de desenvolvimento tecnológico e a poluição dele decorrente; mais estradas terão de ser abertas, aumentará a demanda de energia, de novos materiais etc.

No entanto, mais do que o crescimento populacional, o modelo socioeconômico e político de nossa civilização contribui de maneira fundamental para o uso irracional dos recursos naturais. A corrida pela acumulação de riqueza – que acelera a extração de minérios e de produtos naturais –, a má distribuição dos alimentos produzidos, o consumismo da sociedade industrial – com seus produtos descartáveis e a não reutilização de matéria-prima –, a formação dos grandes arsenais bélicos, o capital como agente motivador da ocupação de espaços "não produtivos" e as relações comerciais internacionais são parte de uma complexa máquina cujo funcionamento quase foge ao controle do ser humano. A devastação ambiental é consequência quase inevitável desse modelo de civilização.

Contudo, na teoria, seria perfeitamente possível conciliar desenvolvimento com preservação do meio ambiente. Tendo em mente que os recursos naturais de nosso planeta não são inesgotáveis, e conhecendo os mecanismos de funcionamento dos ecossistemas, o ser humano poderia, até certo limite, utilizar esses recursos sem causar maiores prejuízos. Cada ambiente possui uma dinâmica própria, como já vimos, decorrente do processo evolutivo. Muitos desses ambientes não suportam qualquer tipo de alteração nem se prestam à utilização pela sociedade humana; outros, menos complexos, permitem a coexistência de atividades antrópicas com equilíbrio ecológico. Os primeiros devem ser conservados para garantir a sobrevivência de nosso planeta, enquanto os outros podem ser utilizados em benefício da humanidade.

Pretendemos aqui apresentar os principais ecossistemas existentes no Brasil, discutindo, caso a caso, as possibilidades de utilização de seus recursos naturais. Acreditamos que a melhor solução para a questão ambiental brasileira está situada em algum ponto entre a preservação integral e a total e irracional devastação de nossa natureza.

© RICARDO AZOURY/PULSAR IMAGENS

PARTE 1

A floresta amazônica

Rio Branco, no Parque Nacional da Serra da Mocidade (RR), 2012. Fotografia aérea.

Capítulo 1

A maior floresta tropical do mundo

A Amazônia, com seus 6,5 milhões de km², é a maior floresta tropical do mundo. Abrangendo nove países, ocupa quase metade da América do Sul. A maior parte da floresta – 3,5 milhões de km² – encontra-se no território brasileiro. Essa área, somada à da mata atlântica, representa 33% do total ocupado por florestas tropicais no planeta. Além da mata, existem na Amazônia áreas de cerrado e outras formações diversas, perfazendo um total de mais de 5 milhões de km². Tais áreas são conhecidas pelo termo Amazônia Legal.

Com relação ao relevo, encontramos ali três formações principais. Ao sul localiza-se o planalto central; ao norte, o planalto das Guianas; e, ao centro, a planície sedimentar amazônica, todos com altitudes inferiores a 1 500 m. Na planície amazônica destacam-se dois tipos de relevo: as várzeas, que por se estenderem

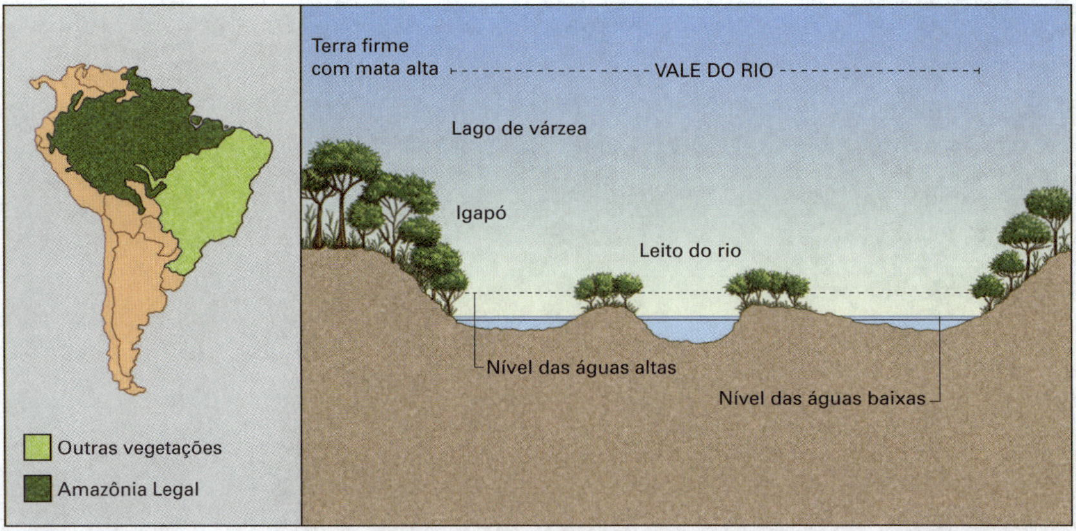

Perfil do relevo amazônico, destacando-se os igapós e as várzeas ao longo dos rios. No detalhe, localização geográfica da Amazônia Legal.

ao longo dos rios estão sempre inundadas, e as terras firmes, que cobrem a maior parte da planície e constituem o domínio da grande floresta.

ENORME RIQUEZA SOBRE SOLOS POBRES

O solo amazônico apresenta baixos índices de nutrientes, é ligeiramente ácido e bastante arenoso, características que permitem classificá-lo como extremamente pobre. A presença de grande quantidade de matéria orgânica, carregada desde os Andes pelos rios, faz das várzeas as únicas áreas agricultáveis da Amazônia.

Na verdade, como em toda mata tropical, os nutrientes minerais encontram-se quase totalmente na biomassa vegetal. No solo, fica uma pequena quantidade, sobretudo na camada superficial de húmus. A rápida reciclagem desses nutrientes, decompostos pelos micro-organismos do solo e reabsorvidos pelas árvores, garante o equilíbrio necessário à manutenção da floresta. A única função relevante do solo é a de fornecer suporte físico à vegetação. De acordo com estudos do projeto Radam-Brasil, apenas pouco mais de 10% da Amazônia possui solos de fertilidade compatível com atividades agrícolas.

Fotografia de nascente do rio Amazonas, na Quebrada Apacheta, base do Nevado Quehuisha, Peru, em 2011.

AS ÁGUAS E O CLIMA: UM CASAMENTO INDISSOLÚVEL

O sistema hídrico na região amazônica é o mais importante do mundo. O rio Amazonas e seus mais de mil afluentes formam uma bacia que comporta 20% de toda a água doce em forma líquida do planeta. Nascendo na Quebrada Carhuasanta, no monte Nevado Mismi, no sul do Peru, em uma altitude de 5600 m, e possuindo 6850 km de extensão (embora seu comprimento possa variar ano a ano com os meandros da planície amazônica), com largura que pode chegar a 100 km, o Amazonas é o maior rio do mundo em extensão e volume de água.

A Sociedade Geográfica de Lima defende, no entanto, que a verdadeira nascente do Amazonas fica na Quebrada Apacheta, na base do Nevado Quehuisha, no Peru, a 5 150 m de altitude; assim, o Amazonas percorreria 7062 km até sua foz no Atlântico. Sua declividade no território brasileiro é de apenas 65 m, e a profundidade pode atingir 100 m. Outras bacias importantes na região são a do Tocantins-Araguaia e a do Orinoco.

O clima é quente quase o ano inteiro, com uma temperatura média de 25 °C, variando pouco ao longo das estações. A região mais úmida do país tem pluviosidade média anual de aproximadamente 2300 mm e apresenta locais com precipitação superior a 3000 mm no oeste, noroeste e litoral norte da Amazônia. As chuvas ocorrem no inverno, que dura aproximadamente 150 dias, e caem sob a forma de grandes temporais. O encontro de duas massas de ar – uma vinda do Atlântico norte e outra do Atlântico sul – é responsável por essas chuvas, sempre seguidas de céu limpo. Das chuvas que caem na bacia amazônica, 50% provêm de água evaporada na própria bacia. A chuva resfria o ar acima da copa das árvores e esse, ao se misturar com o ar mais quente do interior da mata, provoca a condensação que irá formar novas nuvens. No verão, as nuvens formadas sobre a mata deslocam-se para o sul e são responsáveis pelas chuvas de todo o planalto central brasileiro.

A INCRÍVEL DIVERSIDADE BIOLÓGICA

Calcula-se que dentro da floresta amazônica convivem em harmonia 40 mil espécies de vegetais superiores (3 mil espécies de árvores, variando entre 40 a 300 espécies diferentes por hectare), 1 400 de peixes, 1 300 de pássaros, 300 de mamíferos e 14 gêneros de primatas, dos quais 5 são exclusivamente dessa região, sem falar das dezenas de milhares de espécies de insetos, de outros invertebrados e de micro-organismos. Para se ter uma ideia do que isso significa, existem mais espécies vegetais em um hectare de floresta amazônica do que em todo o território europeu. A castanheira é o exemplo mais típico de árvore amazônica e uma das mais imponentes da mata.

De toda essa variedade, boa parte permanece ainda desconhecida da ciência, com muitas espécies endêmicas. Por esse motivo, as estimativas são imprecisas, calculando-se que na Amazônia estejam entre 20% a 60% de todas as espécies vivas do planeta.

A vegetação amazônica pode ser classificada em: mata de terra firme (sempre seca), mata de várzea (que alaga na época das chuvas) e mata de igapó (perenemente alagada). Como já dissemos, existem também, em menor quantidade, áreas de cerrado, campos e vegetação litorânea.

O EQUILÍBRIO NATURAL DA FLORESTA

A Amazônia, como floresta tropical que é, apresenta-se como um ecossistema extremamente complexo e delicado. Sua incrível diversidade biológica lhe confere uma infinidade de inter-relações ecológicas de difícil compreensão. As imensas árvores retiram do solo toda a matéria orgânica nele existente, restando apenas um pouco na fina camada de húmus, onde os decompositores garantem a reciclagem de nutrientes. A retirada desse material é tão intensa que alguns rios amazônicos têm suas águas quase destiladas. Praticamente sem matéria orgânica, os peixes e animais aquáticos dependem das folhas e dos frutos que caem das árvores para se alimentar.

Para que ocorra a reciclagem dos nutrientes, é preciso um grande número de espécies de plantas, pois cada uma desempenha uma função no ecossistema. As monoculturas naturalmente comprometem esse mecanismo e, por isso mesmo, não são recomendáveis.

Os animais, que se alimentam das plantas ou de outros animais, também contribuem, com suas fezes, para o retorno da matéria orgânica ao solo. Além disso, eles têm importante participação na polinização das flores e na dispersão dos frutos e das sementes.

As constantes chuvas que caem na Amazônia têm papel fundamental na manutenção do ecossistema. Muitas vezes as águas nem chegam a atingir o solo, já que ficam retidas nas diversas camadas de vegetação, sendo rapidamente absorvidas ou evaporando-se ao término da chuva. São elas que garantem a exuberância da floresta.

Todos os elementos – clima, solo, fauna e flora – estão tão estreitamente relacionados que nenhum deles pode ser considerado o principal. Todos contribuem para a manutenção do equilíbrio, e a ausência de qualquer um deles é suficiente para desarranjar o ecossistema.

Retirando-se a vegetação, por exemplo, essa levaria consigo a maior parte dos nutrientes, e o pouco que restasse seria carregado pelas fortes chuvas que passariam a atingir diretamente o solo. Sem a existência dessa matéria orgânica, a floresta não conseguiria se reconstituir e a tendência natural seria sua desertificação. Dificilmente, porém, teríamos um deserto total, pois a permanência dos ventos alíseos oriundos do oceano é capaz de garantir a umidade necessária para algumas formas de vegetação. Mas, de qualquer maneira, o ecossistema estaria destruído. E qual seria a consequência disso para o planeta?

Durante muito tempo atribuiu-se à Amazônia o papel de "pulmão do mundo". Hoje sabe-se que a quantidade de oxigênio que a floresta produz durante o dia, pelo processo da fotossíntese, é consumida à noite. No entanto, devido às alterações climáticas que causa no planeta, ela vem sendo chamada de "o condicionador de ar" do mundo. O desmatamento na Amazônia pode, aparentemente, causar alterações no clima de todo o planeta, com possível elevação da temperatura global pela eliminação da evapotranspiração. Além disso, o gás carbônico liberado pela queima de suas árvores poderia contribuir para o chamado efeito estufa, novamente aquecendo a atmosfera.

Segundo os dados dos Indicadores de Desenvolvimento Sustentável do Instituto Brasileiro de Geografia e Estatística (IBGE) em 2010, a queima da floresta na região assume grande relevância no cenário nacional, pois representa 70% de todas as emissões de CO_2, cerca de 200 milhões de toneladas de carbono por ano (3% das emissões globais, mais de 60% das emissões nacionais). Ainda segundo o IBGE, as queimadas são responsáveis por colocar o Brasil entre os dez maiores emissores de gases de efeito estufa para a atmosfera. Comparado ao período 1990-1994, o período 2000-2005 apresentou crescimento mais lento da emissão de gases de efeito estufa no Brasil, embora no total as emissões associadas à "mudança no uso da terra e florestas" continuem prevalecendo amplamente (mais de 50%). Com uma matriz energética com forte participação de geração hidráulica (hidrelétricas) e com uso de biomassa (lenha, biocombustíveis), o setor de produção de energia no Brasil contribui pouco para as emissões de gases de efeito estufa no país – o oposto do que ocorre no resto do mundo, especialmente nos países mais industrializados. Vale lembrar que a emissão de gás carbônico via queima de combustíveis fósseis corresponde a cerca de 95 milhões de toneladas por ano no país.

A importância da Amazônia para a humanidade não reside apenas no papel que desempenha para o equilíbrio ecológico mundial. A região é berço de inúmeras civilizações indígenas e, além disso, constitui riquíssima fonte de matérias-primas – alimentares, florestais, medicinais, energéticas e minerais.

FORNECIMENTO DE ALIMENTOS, MADEIRAS E PRODUTOS MEDICINAIS

Se bem utilizadas, as áreas agricultáveis da Amazônia podem fornecer alimentos em abundância. Dados do Ministério da Agricultura apontam a existência de 120 milhões de hectares desmatados até 2011 que podem ser recuperados para a atividade agrícola.

O Instituto de Pesquisa Ambiental da Amazônia (Ipam), que analisa o volume de áreas desmatadas passíveis de regularização ambiental na Amazônia, conforme a legislação em vigor no país, estimou em 2008 o potencial legal de área agropecuária em 725 mil km^2. Isso significa que é plenamente possível a implementação do programa "Desmatamento Zero", proposto por um conjunto de organizações não governamentais.

A existência de diversas espécies vegetais comercializáveis em estado selvagem, como o cacau (17% da produção nacional), o palmito, o açaí e a castanha-do-pará, faz da região um rico banco genético para futuros estudos de melhoramento de características, por meio de cruzamentos e seleção de exemplares mais apropriados à cultura. A floresta possui grande número de espécies cujo potencial de utilização já é conhecido, como o babaçu, o cupuaçu, a pupunha, a mandioca, a castanha, o guaraná, a graviola, o camu-camu, a borracha e o couro vegetal, além de várias outras que as pesquisas ainda podem identificar como úteis ao ser humano.

A domesticação dos animais amazônicos – como a capivara, o jacaré, a tartaruga, o peixe-boi, o mutum e a paca – traz novas alternativas de produção de alimentos. Também a pesca, se realizada com técnicas adequadas, pode ser uma rica e perene fonte de proteínas. A existência de diversos invertebrados possibilita a utilização de algumas espécies para o controle biológico de pragas da agricultura. Para isso, bastaria identificar os inimigos naturais ou parasitas capazes de controlar as populações de pragas.

Mais de 10 mil espécies de plantas da Amazônia são portadoras de princípios ativos para uso medicinal, cosmético e controle biológico de pragas. Substâncias importantes foram descobertas, como o curare, um potente anestésico, e o quinino, o mais precioso remédio contra a malária. Em Manaus, o Instituto Nacional de Pesquisas da Amazônia (Inpa) identificou cerca de trezentas espécies

© RICARDO AZOURY/PULSAR IMAGENS

© EDSON SATO/PULSAR IMAGENS

Fotografias digitais de árvores de açaí (à esquerda) e pupunha (à direita), frutos típicos da floresta amazônica.

Extração de látex de seringueira. Fotografia digital.

com potencial para as áreas medicinal, fitoterápica, aromática e de cosméticos.

Entre as numerosas espécies fornecedoras de madeira, apenas duas, o mogno e a cerejeira, são aproveitadas em larga escala. Com cerca de 33% das reservas mundiais de madeiras duras, a floresta apresenta grande quantidade de espécies utilizáveis, mas ainda pouco exploradas. A exploração dessa madeira, no entanto, é desordenada e criminosa, pois mais de 80% é retirada de maneira predatória e clandestina.

Uma árvore que merece destaque é a seringueira, típica da Amazônia. Do seu látex fabrica-se a borracha, que, apesar dos atuais similares sintéticos, é insubstituível em diversos produtos. O Brasil já foi o maior produtor do mundo, mas atualmente a borracha natural representa o terceiro item no *ranking* de importações do agronegócio brasileiro, atrás da celulose e do trigo.

A PRODUÇÃO DE ENERGIA E AS JAZIDAS MINERAIS

Algumas plantas são adequadas à produção de energia, por meio do fornecimento de óleos vegetais e biocombustível (dendê, copaíba, andiroba, bacaba, entre outras), e à produção de alimentos, madeira, fibras e outros produtos. Do babaçu, por exemplo, pode-se produzir álcool, carvão siderúrgico e biogás. Essas espécies são bastante comuns na Amazônia e com elas pode-se promover o reflorestamento de áreas de pastagem abandonadas. O replantio possibilitaria, ainda, a captura (sequestro) do carbono em excesso na atmosfera, contribuindo para reduzir o aquecimento global.

A abundância de minérios na região

é incontestável. Se explorados racionalmente, esses produtos podem trazer grandes riquezas ao país. Os mais importantes são: ferro (18 bilhões de toneladas, em Carajás), alumínio (4 bilhões de toneladas, em Trombetas, Paragominas e Almeirim), manganês (80 bilhões de toneladas em Carajás e serra do Navio), cobre (10 milhões de toneladas, em Carajás), ouro (250 toneladas, em Tapajós), estanho (400 mil toneladas) e níquel (90 mil toneladas). Em menor quantidade, encontra-se também na Amazônia o diamante (em Roraima), o petróleo (na plataforma oceânica e no continente), o urânio (em Roraima) e o sal-gema (no Amazonas).

Os recursos naturais da Amazônia vêm sendo explorados inadequadamente desde a chegada dos primeiros colonizadores. Como efeito dos desmatamentos, que alteram os hábitats naturais, registra-se um declínio drástico da diversidade biológica. Além disso, a exploração dos recursos naturais tem trazido muito pouca riqueza para a região, que em muitas localidades ainda vive do extrativismo com baixa tecnologia. E toda a devastação está ocorrendo em um ritmo muito maior que o das pesquisas científicas, o que dificulta a elaboração de propostas alternativas de utilização dos recursos. Mesmo assim, muita coisa pode ser feita, desde que medidas emergenciais sejam tomadas em curto espaço de tempo.

A OCUPAÇÃO HUMANA NA AMAZÔNIA: 10 MIL ANOS DE HISTÓRIA

Os portugueses começaram a penetrar na Amazônia no século XVII, quando a região, pelo Tratado de Tordesilhas, ainda pertencia à Espanha. A disputa por sua posse prolongou-se até 1750, quando o Tratado de Madri fixou os limites do Brasil a oeste de Tordesilhas. No fim do século XVIII, o governo do Marquês de Pombal declarou-a província independente e inaugurou a Companhia do Grão-Pará e do Maranhão, para desenvolver a região. Na época da independência, a Amazônia ainda não se integrara ao quadro nacional, mantendo muito mais relações com Portugal do que com o restante do país.

Antes da chegada dos europeus, a Amazônia era habitada por mais de 2 milhões de indígenas que viviam nas várzeas, nas matas e nos campos, sempre às margens dos rios ou à beira-mar, sem depredar a natureza. Alguns grupos já estavam em extinção, como os Tupinambá. Outros foram totalmente dizimados pelos brancos, como os Tapajó, os Kaboquena, os Guanavena e os Manaó (que deram origem ao nome da capital do Amazonas).

A colonização, que transformava indígenas em escravos e trazia doenças antes desconhecidas desses povos, como a gripe, o sarampo, a tuberculose e as doenças venéreas, foi aos poucos dizimando física e culturalmente as tribos amazônicas. Esse processo se acentuou durante o ciclo da borracha e a construção da ferrovia Madeira-Mamoré. Nas últimas décadas, a política desenvolvimentista para a Amazônia, com a abertura de estradas como a Belém-Brasília (BR-010), a Transamazônica (BR-230), a Cuiabá-Santarém (BR-163), a Manaus-Boa Vista (BR-174) e a Cuiabá-Porto Velho-Rio Branco (BR-364), tem acelerado o extermínio das tribos,

Processos minerários da Amazônia Legal

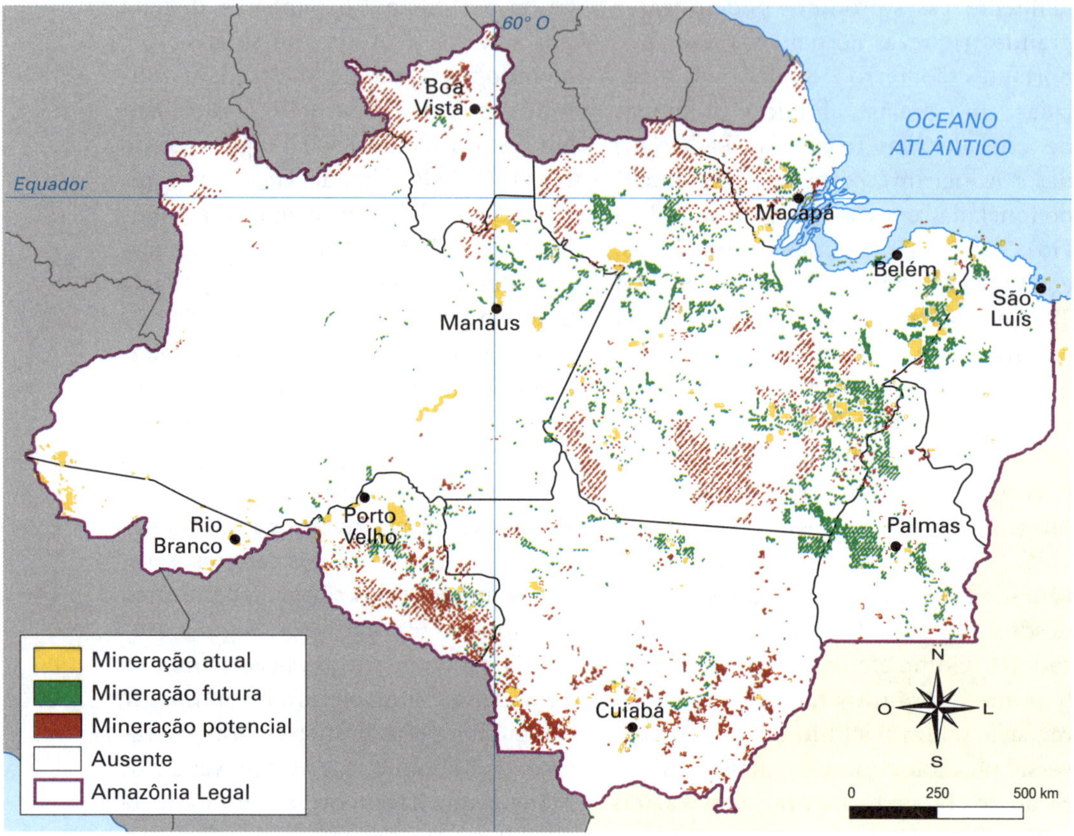

Os minérios da Amazônia vêm sendo explorados inadequadamente desde a chegada dos colonizadores.
Fonte: Adaptado de CARNEIRO FILHO, Arnaldo; SOUZA, Oswaldo Braga de. *Atlas de pressões e ameaças às terras indígenas na Amazônia brasileira*. São Paulo: Instituto Socioambiental, 2009.

cujas terras são reduzidas por projetos de colonização e criação de gado, por empreendimentos agrícolas e pela mineração e extração de madeiras. Enquanto não se demarcam as reservas indígenas, inúmeras rodovias e hidrelétricas vão sendo construídas em territórios ocupados pelos nativos há milhares de anos. Os conflitos entre colonos e indígenas são uma constante na região.

Capítulo 2

Os anos mais recentes

No início da era industrial, a região viveu seu período áureo com a extração da borracha, que enriqueceu comerciantes nacionais e estrangeiros e permitiu o rápido crescimento de cidades como Manaus, Belém e Santarém. Na década de 1920, houve uma tentativa de cultivar na Amazônia uma grande plantação de seringueiras. O empresário norte-americano Henry Ford comprou grande extensão de terras e implantou a "Fordlândia", às margens do rio Tapajós. Doze anos depois ele viu-se obrigado a abandonar o projeto, pois toda a plantação fora atacada por uma praga de pulgões. A destruição das árvores foi facilitada por sua disposição: em uma tentativa de diminuir o custo de produção, elas tinham sido plantadas em fileiras. Se estivessem dispersas pela mata, como ocorre naturalmente na Amazônia, talvez não ocorresse o ataque dessa praga. Nos primeiros anos do século XXI, as atividades produtivas predominantes na região são a pesca, a criação de gado e a extração de madeira, e não há mais indícios de moradores que sobrevivam somente do beneficiamento do látex.

Getúlio Vargas, ao assumir o governo, decidiu intensificar a ocupação da Amazônia, pois acreditava ser essa a única defesa eficaz contra os interesses estrangeiros na região. Diversos camponeses foram levados para lá, mas muitos voltaram para seu lugar de origem por não terem se adaptado às condições locais. A tentativa de ocupação só foi retomada por Juscelino Kubitschek, que iniciou o projeto da Belém-Brasília (BR-060), rodovia com 2 100 km de extensão, metade atravessando a floresta amazônica.

Durante a época do chamado "milagre econômico", na década de 1970, o governo promoveu grande campanha para a colonização da Amazônia, com a distribuição de terras e o fornecimento de crédito farto para atividades agrícolas, o que resultou no mais rápido processo de devastação já observado no Brasil. Rondônia, o principal Estado envolvido, tornou-se o mais desmatado (em comparação à extensão total do Estado), pois seu percentual de área desmatada até 2010 era de 56%. Até 1978, a área desmatada no Estado era de 1,76%, chegando a 24% em 1999. O crescimento da população é apontado como responsável pelo desmatamento: entre 1970 e 1980, esse crescimento foi de 324%. Lá, como em outros estados da Amazônia, com destaque para o Mato Grosso e o Pará, desenvolve-se uma agricultura mal direcionada e pouco produtiva, baseada exclusivamente no desmatamento, seguido de queimada, para a implantação de monoculturas ou de pastos. Essa não é a prática mais adequada, pois reduz a presença dos micro-organismos e libera considerável quantidade de nutrientes para a atmosfera.

O Pará é o Estado com maior área desmatada na Amazônia Legal brasileira. Dos dez municípios com maior área desflorestada até 2005, seis pertencem ao Estado: São Félix do Xingu, Paragominas, Marabá, Santana do Araguaia, Cumaru do Norte e Santa Maria das Barreiras. Nesse mesmo ano, o desmatamento no Pará correspondeu a 5 763 km, o segundo mais expressivo da Amazônia Legal, pois Mato Grosso liderou o desflorestamento com 7 145 km desmatados.

Grandes projetos foram iniciados nas décadas de 1960 e 1970 na Amazônia, mas a maioria deles resultou em fracasso. A rodovia Transamazônica (BR-230), símbolo da era do "milagre econômico", possui hoje cerca de 2 mil km, pouco mais de um quarto do previsto, parcialmente engolidos pela selva e intransitáveis na época das chuvas. A Perimetral Norte (BR-210), iniciada em 1973 pelo governo Médici e projetada para acompanhar toda a fronteira norte do Brasil com diversos países sul-americanos, encontra-se em pior estado. Nos mais de 200 km de extensão dessa rodovia, que liga Macapá à serra do Navio, os atoleiros são enormes, prejudicando milhares de usuários. Enquanto o projeto se instala, garimpeiros invadem a reserva dos Yanomami, em Roraima, e continuam a gerar sangrentos conflitos.

No rio Cristalino, durante os anos 1970, a Volkswagen semeou e cultivou pastos em seus 140 mil hectares de terra em Santana do Araguaia, no Pará. Fez cercas e currais, criou gado selecionado, manteve convênio com uma universidade alemã para garantir a qualidade do rebanho, construiu escola, jardins, clube, ambulatório e mercado, mas foi acusada por dez anos descontínuos de promover o trabalho escravo.

O famoso Projeto Jari, igualmente, é um dos mais flagrantes casos de fracasso. Em um investimento de mais de 300 milhões de dólares, o empresário norte-americano Daniel Ludwig tentou explorar a mineração, a plantação de arroz e o potencial madeireiro de suas extensas terras. Chegou até a comprar uma fábrica de celulose do Japão, que foi rebocada por milhares de quilômetros através dos oceanos para se instalar na Amazônia. Com a crise do petróleo, o mais audacioso projeto industrial da região teve seu final: em 1982, foi vendido a um consórcio de empresas.

A CRESCENTE DESTRUIÇÃO DA FLORESTA

Até 1980, apenas 2,47% da floresta havia sofrido alteração. Desde então, o processo de desmatamento vem aumentando em um ritmo variável, mas rápido. O índice subiu para 6,5% em 1987 e para 12% em 1988, alcançando 17,16 % em 1995 e 16,2% em 2004 (os picos de desmantamento). Desde então, vem decaindo, com uma redução para 8% entre agosto de 2010 e julho de 2011, conforme relatórios do Instituto de Pesquisa Espaciais (Inpe), que monitora

Fonte: Adaptado de INSTITUTO NACIONAL DE PESQUISAS ESPACIAIS (Inpe). Taxas anuais do desmatamento – 1988 até 2011. Disponível em: <www.obt.inpe.br/prodes/prodes_1988_2011.htm>. Acesso em: 23 out. 2012.

a região com imagens de satélite segundo o gráfico reproduzido nesta página.

Convém salientar que há historicamente grande polêmica em torno desses índices, uma vez que são contestados por outras instituições de pesquisa. Isso porque, para calcular essa área, o Inpe utilizava imagens dos satélites NOAA-9 e Landsat-5, que captam as radiações emitidas por queimadas, sem muita precisão. A partir do ano de 2002, segundo informações do Ministério da Ciência e Tecnologia, essas estimativas começaram a ser produzidas por classificação digital de imagens seguindo o Programa de Cálculo do Desflorestamento da Amazônia (Prodes), cuja principal vantagem está na precisão do georreferenciamento dos polígonos de desflorestamento, de forma a produzir um banco de dados geográfico multitemporal.

Desde 2004, o Inpe opera o sistema Detecção de Desmatamento em Tempo Real (Deter), que orienta a fiscalização da região ao identificar corte raso e degradação florestal com mais agilidade. Em 2008, o aumento de áreas degradadas indicado pelo Deter motivou a criação do Mapeamento da Degradação Florestal na Amazônia Brasileira (Degrad). Em 2010, o Inpe começou a usar o satélite indiano Resourcesat-2, que libera informações de cinco em cinco dias, com uma resolução de 56 m. Finalmente, a partir de 2012, o instituto passou a monitorar a região com o satélite brasileiro Amazônia-1, equipado com uma câmera de 40 m de resolução, e com o satélite sino-brasileiro CBERS-3, obtendo imagens de toda a Amazônia, em alta resolução, a cada três dias. A precisão nos diagnósticos, portanto, tem ficado maior a cada dia.

Taxa anual de desmatamento		
Período	**Número de imagens**	**Área desmatada**
2001-2002	161 imagens Landsat.	21 651 km²
2002-2003	191 imagens Landsat.	25 396 km²
2003-2004	207 imagens Landsat.	27 772 km²
2004-2005	211 imagens Landsat e de outros satélites quando houver cobertura de nuvens.	19 014 km²
2005-2006	211 imagens Landsat e de outros satélites quando houver cobertura de nuvens.	14 286 km²
2006-2007	213 imagens Landsat e de outros satélites quando houver cobertura de nuvens.	11 651 km²
2007-2008	214 imagens Landsat e de outros satélites quando houver cobertura de nuvens.	12 911 km²
2008-2009	213 imagens Landsat e de outros satélites quando houver cobertura de nuvens.	7 464 km²
2009-2010	213 imagens Landsat e de outros satélites quando houver cobertura de nuvens.	7 000 km²

Fonte: Adaptado de INSTITUTO NACIONAL DE PESQUISAS ESPACIAIS (Inpe). Monitoramento da Floresta Amazônica Brasileira por Satélite. Disponível em: <www.obt.inpe.br/prodes/index.php>. Acesso em: 23 ago. 2012.

A tabela acima apresenta a taxa anual de desmatamento entre os anos 2000 e 2010, segundo os dados do Prodes.

A remoção da cobertura vegetal está intimamente relacionada à implantação de projetos de colonização e de programas de subsídios de impostos para o setor agropecuário, criados pela Superintendência do Desenvolvimento da Amazônia (Sudam) e aprovados pelo Instituto Nacional de Colonização e Reforma Agrária (Incra), nas décadas de 1970 e 1980. Esses programas davam isenção de imposto sobre a renda gerada e permitiam que os proprietários investissem em suas fazendas parte do imposto devido de operações de lucro de quaisquer outros lugares. A interrupção de novos subsídios, em 1991, não revogou aqueles que haviam sido concedidos nem afetou outras atividades prejudiciais, tais como as serrarias e as fundições de ferro-gusa, alimentadas por carvão vegetal, e a especulação de terra. A maioria desses projetos propicia a concentração de grandes extensões de terra nas mãos de poucos, gerando graves conflitos, como os que se verificam na região do Bico do Papagaio (área de contato entre Pará, Tocantins e Maranhão) e no Vale do Itapecuru (Maranhão).

Quanto a assassinatos, a região Norte ostenta o primeiro lugar no país, com 52% do total, considerando que 22% ocorreram no Pará. No cômputo geral, a Amazônia somou 68% dos assassinatos. Esse quadro dramático faz parte do relatório Conflitos no Campo – Brasil 2010, preparado pela Comissão Pastoral da Terra (CPT). Segundo esse documento, de 1985 a 2009 foram regis-

Desmatamento na Amazônia Legal

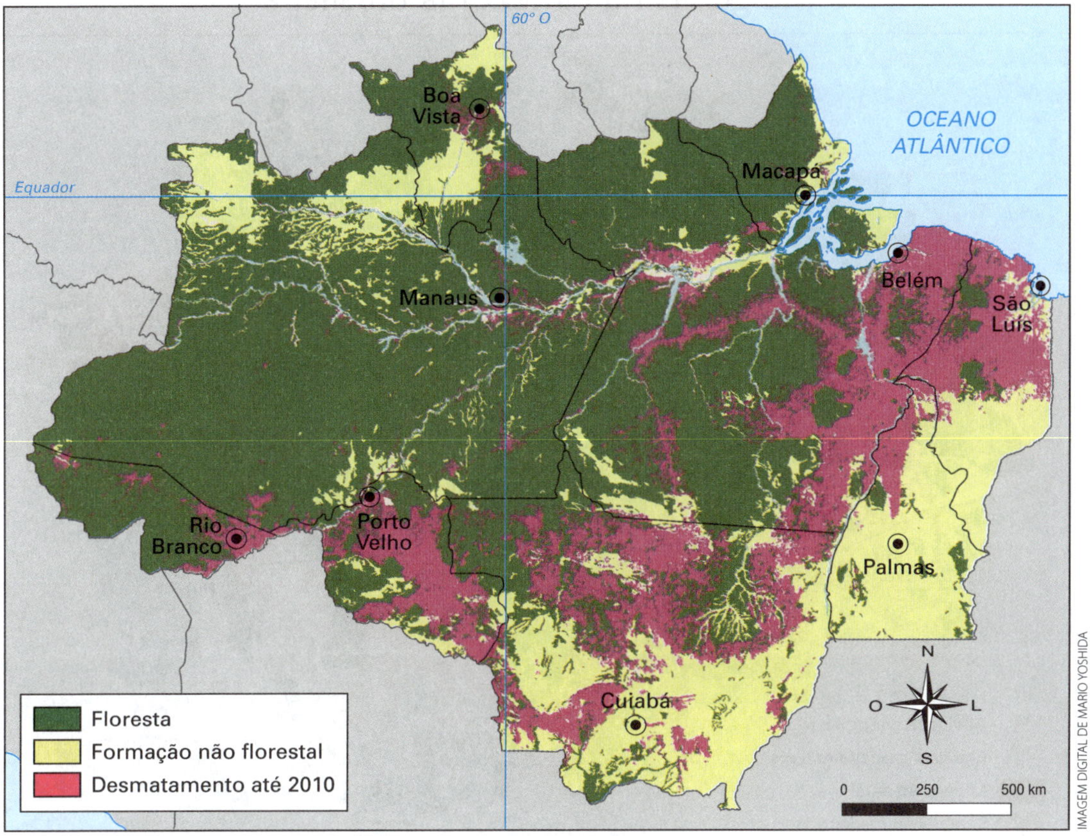

Fonte: Adaptado do INSTITUTO DO HOMEM E MEIO AMBIENTE DA AMAZÔNIA (Imazon). Desmatamento na Amazônia Legal até 2010. Disponível em: <www.imazon.org.br/mapas/desmatamento-acumulado-2007-2010/desmatamento-na-amazonia-ate-2010>. Acesso em: 18 fev. 2013.

trados 1 546 assassinatos de trabalhadores e, dessas ocorrências, apenas 85 dos casos foram a julgamento, resultando na condenação de 20 mandantes e 71 executores. Em 2009, a CPT registrou 528 ocorrências de conflitos de terra e 45 conflitos por recursos hídricos. Desses, 151 conflitos por terra, 16 conflitos por água e 115 casos de violência envolveram indígenas, quilombolas, ribeirinhos, seringueiros, quebradeiras de coco de babaçu, pescadores e membros de fundos de pastos.

Com a descoberta das riquezas minerais, iniciou-se na Amazônia mais um tipo de exploração que agride violentamente o ecossistema local. A mineração é feita a céu aberto, removendo-se grandes áreas florestais. Os danos maiores são causados pelos garimpos de ouro, como os do rio Madeira na década de 1980, que poluíram as águas com o mercúrio usado para precipitar as minúsculas pepitas dispersas na água. Esse mercúrio, ainda hoje, tem contaminado os peixes que servem de alimento para

Pressões e ameaças sobre as terras indígenas na Amazônia brasileira

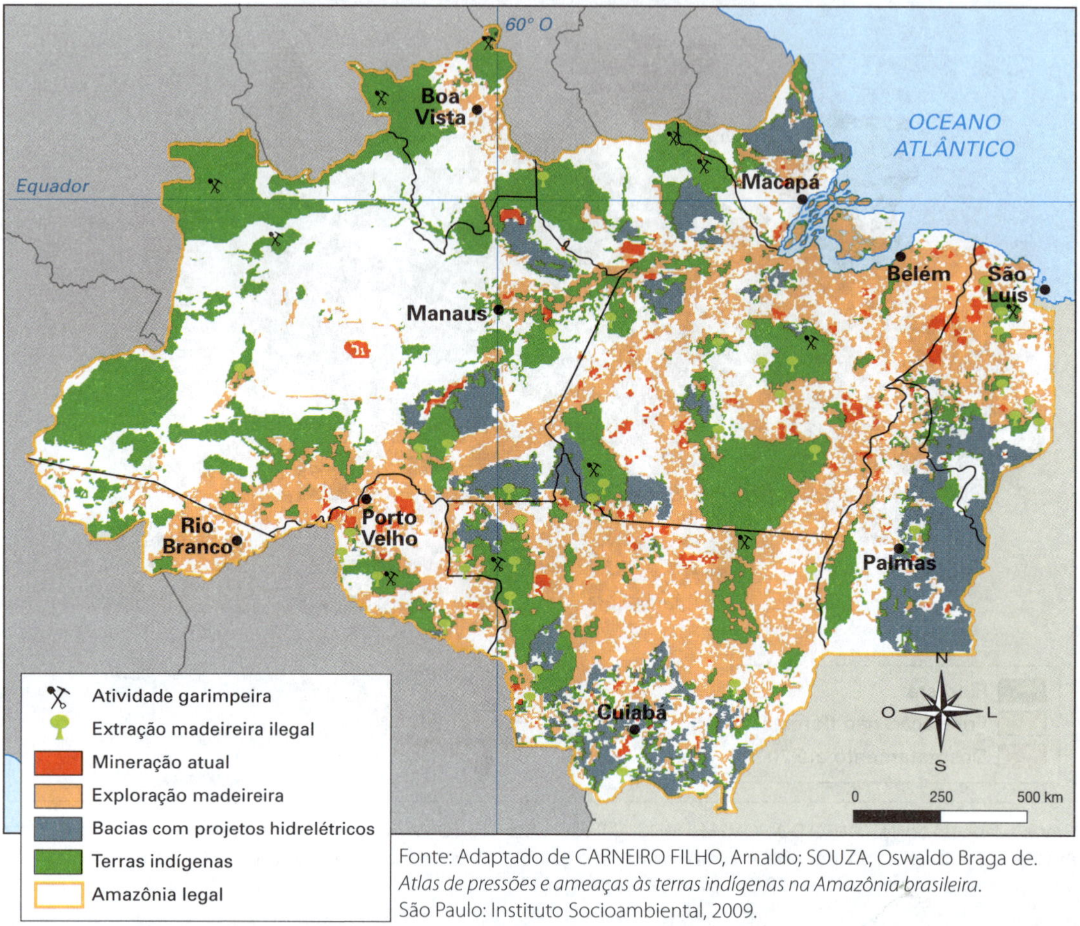

Fonte: Adaptado de CARNEIRO FILHO, Arnaldo; SOUZA, Oswaldo Braga de. *Atlas de pressões e ameaças às terras indígenas na Amazônia brasileira.* São Paulo: Instituto Socioambiental, 2009.

a maioria da população, causando inúmeros problemas de saúde, como deficiências renais e neurológicas. Segundo estudos publicados nos cadernos da Fundação Oswaldo Cruz (Fiocruz) em 2003, a população indígena do município de Guajará-Mirim, cuja dieta principal é o peixe, tem um teor de mercúrio acima do tolerado pela Organização Mundial da Saúde (OMS). Além disso, na mineração grande quantidade de terra é derrubada dos barrancos, mudando a cor e assoreando os cursos de água.

O Projeto Ferro-Carajás S11D, no norte do Pará, é o maior do mundo e pretende ampliar, a partir de 2016, a quantidade de minério de ferro extraída do Complexo Minerador de Carajás (sudeste do PA). Representará, então, cerca de 14% do produto interno bruto (PIB) paraense, contribuindo com mais de 5 bilhões de dólares ao ano para a expansão do superávit na balança comercial brasileira e criando, segundo a companhia Vale, 30 mil empregos durante sua implementação e 2 600 postos permanentes, no Pará e no Maranhão. As

Fotografia digital de mina de ferro, em Eldorado dos Carajás (PA), em 2010.

consequências de sua instalação não se limitam à região diretamente desmatada para extração de ferro, alumínio, manganês e cobre. Muitas outras áreas de floresta serão desmatadas para abrigar a população trabalhadora, além da infraestrutura de manutenção da mina. Rodovias e ferrovias têm sido construídas para dar vazão à produção. O projeto aposta na construção de um ramal ferroviário (de 110 km de extensão) que, em 2014, pode passar a integrar o sudeste do Estado à Estrada de Ferro Carajás, duplicado e com mais 604 km de prolongamento, aumentando assim a capacidade de transporte para uma carga de 100 milhões de toneladas. No entanto, a obra é considerada polêmica e foi suspensa pela Justiça Federal do Maranhão, em julho de 2012, acusada de obter licença irregular do Instituto Brasileiro do Meio Ambiente e dos Recusos Naturais Renováveis (Ibama), uma vez que não houve estudo de impacto ambiental completo.

A implantação do polo metalúrgico da Albrás-Alunorte, no município de Barbacena (40 km de Belém), para a industrialização da bauxita, desarticulou todo o sistema de vida do homem da região. Habituados a retirar da floresta os produtos necessários à sua subsistência, como faziam seus ancestrais indígenas, os habitantes locais foram forçados a se adaptar à nova situação de mão de obra do projeto ou de população marginal favelada.

A caça profissional ilegal, com o subsequente contrabando de produtos derivados da fauna silvestre, também tem causado danos consideráveis, ameaçando inúmeras espécies, como o jacaré-açu, a ariranha, o jaguar, o peixe-boi, a arara-vermelha, a arara-azul e muitas outras aves. Além disso, a pesca em larga escala, por multinacionais com sede no Japão, põe em risco o equilíbrio populacional de algumas espécies de peixes, entre as quais o pirarucu.

A DESTRUIÇÃO PELAS ÁGUAS

A necessidade de aproveitamento do potencial hidroenergético dos rios amazônicos, em virtude do crescimento da demanda de energia elétrica na região Norte e em outras partes do Brasil, nos traz algumas reflexões. Vejamos inicialmente as experiências de duas das hidrelétricas já construídas.

© MAURICIO SIMONETTI/PULSAR IMAGENS

Fotografia digital de árvores mortas no reservatório da usina hidrelétrica de Balbina, localizada no município de Presidente Figueiredo (AM), no rio Uatumã (AM), em 2007.

Tucuruí, em funcionamento desde 1984 e concluída em 2006, produz 8370 megawatts de energia e abastece os fornos da Albrás, o complexo mineral de Carajás e os Estados de Tocantins, Pará e Maranhão, com cerca de 3500 megawatts médios mensais, além de exportar energia para os sistemas Nordeste, Sudeste e Centro-Oeste. As comportas de sua barragem foram fechadas sem a remoção da floresta, que ficou submersa no lago que se formou, de 2430 km^2. A perda de milhares de metros cúbicos de madeiras de lei representou um prejuízo de milhões de dólares.

Em Balbina, a tragédia foi pior. Essa usina no rio Uatumã é considerada por todos os países do mundo um exemplo máximo de desastre ecológico. Antes de mais nada, ela inundou uma área semelhante à de Tucuruí para produzir trinta vezes menos energia, devido à pouca declividade do terreno: são 14,5 km^2 para cada megawatt produzido, a maior relação entre as 113 hidrelétricas do país. As milhões de árvores que tiveram suas raízes submersas não foram retiradas e transformadas em madeira produtiva – estão lá apodrecendo e se tornaram uma fonte gigantesca de emissão de gases de efeito estufa: emitem 3,3 milhões de toneladas de carbono por ano, dez vezes superior à emissão de uma termelétrica movida a carvão de igual potência. Para cada megawatt/hora gerado, são liberadas 3,3 toneladas de carbono, metade do que jogam na atmosfera os carros que circulam em São Paulo.

A potência instalada de Balbina era de 250 megawatts já na época da inauguração. Mas a situação ali piora a cada ano: em 2007, a capacidade instalada não atingia mais nem esse limite baixo. O acúmulo de sedimentos produzidos pelo apodrecimento das árvores, além da baixa pressão da água e dos equipamentos obsoletos, baixou o potencial de geração para 235 megawatts.

Além dos impactos ambientais, diversos sítios arqueológicos, importantes para o estudo da ocupação humana de nosso continente em épocas remotas, desaparecem com as usinas, sem serem ao menos conhecidos pelos cientistas.

As operações de resgate da fauna, sempre amplamente divulgadas para todo o país, após a formação de um lago, não servem para nada. Em primeiro lugar, porque apenas uma ínfima parte dos animais existentes na região alagada é salva nessas operações. Depois, porque os bichos recuperados são transferidos para regiões da margem da barragem, que estão ecologicamente ocupadas por populações em equilíbrio. Sem encontrar espaços vazios, os animais soltos não terão abrigo nem alimentos e não poderão se reproduzir. Isso levará a uma disputa com aqueles que ali já viviam, resultando em mortes de ambos os lados. Ou seja, além de prejudicar os que foram atingidos pelas águas, essas operações perturbam a vida até daqueles que teoricamente haviam escapado ilesos da ação humana. Mais honesto seria assumir a morte dos animais da região alagada.

As mais recentes ameaças são as usinas projetadas para o rio Madeira, como as represas de Jirau e Santo Antônio, e para o rio Xingu, como a represa de Cararaó, rebatizada de Belo Monte, que poderão fazer desaparecer mais de catorze hábitats diferentes – número extremamente alto –, além de áreas de reservas indígenas.

A hidrelétrica de Jirau coloca em situação de risco as populações tradicionais, povos indígenas isolados e os ecossistemas amazônicos. Em março de 2009, o Brasil foi condenado simbolicamente pelo Tribunal da Água – uma corte de ética dentro do Fórum Mundial da Água realizado em Istambul –, pois a construção das duas usinas no rio Madeira ameaçava a vida de populações indígenas e alteraria os ciclos fluviais e a biodiversidade.

O movimento contrário à obra, encabeçado por ambientalistas e acadêmicos, defende que a construção da hidrelétrica não é viável dos pontos de vista social e ambiental, pois irá provocar a redução do fluxo de água do rio, afetando a flora e fauna locais. A obra inundará, também, os igarapés de Altamira e Ambé, que cortam a cidade de Altamira, e parte da área rural de Vitória do Xingu, interrompendo o único meio de transporte para comunidades ribeirinhas e indígenas.

A hidrelétrica de Belo Monte irá atingir trinta terras indígenas e doze unidades de conservação. O estudo de impacto ambiental da usina, feito por quarenta pesquisadores de renomadas universidades do país, gerou um documento de 230 páginas, apontando que a construção da hidrelétrica vai provocar um caos social, pois gerará um fluxo migratório de mais de 100 mil pessoas para a região (equivalente a toda população de Altamira) e implicará o deslocamento forçado de mais de 20 mil pessoas (população maior que a de 73% dos municípios brasileiros, segundo o censo realizado em 2010 pelo IBGE). Além disso, o funcionamento de uma usina sem reservatório, como é o caso de Belo Monte, dependerá da sazonalidade das chuvas. Em época de cheia a usina deverá operar com metade da capacidade, mas, em tempo de seca, a geração pode ir um pouco abaixo de 4,5 mil megawatts. Tal cifra, aliada aos vários passivos sociais e ambientais, coloca em xeque a viabilidade econômica do projeto.

Em abril de 2011, a Comissão Interamericana de Direitos Humanos (CIDH) pediu a suspensão da obra a fim de garantir os direitos dos indígenas, após várias comunidades tradicionais encaminharem denúncias à Organização dos Estados Americanos (OEA). Em junho de 2011, a Anistia Internacional também pediu a suspensão do projeto de construção pelos mesmos motivos, pedido também encaminhado, em seguida, ao Conselho de Direitos Humanos da ONU

Potencial eólico brasileiro

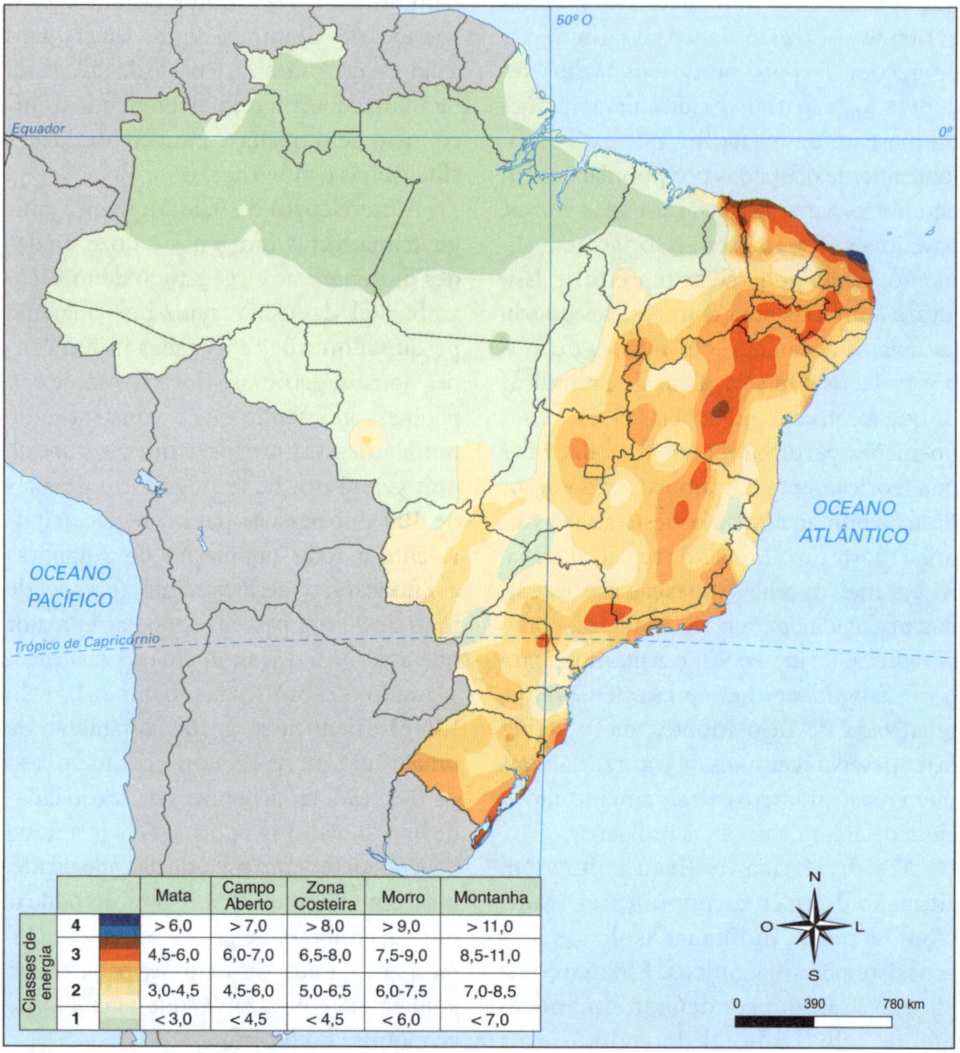

Classes de energia		Mata	Campo Aberto	Zona Costeira	Morro	Montanha
4		> 6,0	> 7,0	> 8,0	> 9,0	> 11,0
3		4,5-6,0	6,0-7,0	6,5-8,0	7,5-9,0	8,5-11,0
2		3,0-4,5	4,5-6,0	5,0-6,5	6,0-7,5	7,0-8,5
1		< 3,0	< 4,5	< 4,5	< 6,0	< 7,0

IMAGEM DIGITAL DE MARIO YOSHIDA

Na legenda, a classe 1 indica baixo potencial eólico; as classes 2 e 3 podem ou não ser favoráveis dependendo das condições topográficas; a classe 4 mostra os melhores locais de aproveitamento dos ventos.

Fonte: FEITOSA, Everaldo Alencar do Nascimento et al. *Panorama do potencial eólico no Brasil*. Brasília: Aneel, 2003.

pela Justiça Global, pela Sociedade Paraense de Defesa dos Direitos Humanos (SDDH) e pela Conectas Direitos Humanos.

O eventual desenvolvimento produzido pelas usinas, com geração de empregos e atração de investimentos para a região, confronta com o já existente estilo de vida viável e sustentável dos seus habitantes, baseado em sistemas agroflorestais e na exploração de recursos naturais.

A necessidade de novas hidrelétricas vem sendo questionada no Brasil desde os anos 2000. Um estudo da Universidade de Campinas (Unicamp), realizado em 2006, demonstra que o país pode viver com 50% da energia que consome. Isso seria possível poupando 30% com conservação e eficiência, 10% com redução de perdas em linhas de transmissão (normalmente de 17%) e 10% com repotenciação de geradores antigos.

Segundo o Operador Nacional do Sistema Elétrico (ONS) e a Empresa de Pesquisa Energética (EPE), o aumento de consumo de energia vem baixando ano a ano no Brasil. Há várias outras alternativas à energia hidrelétrica. O país poderia apostar em outras fontes de energia renovável.

No último leilão de energia de 2011, as fontes eólicas ficaram com 48% do total leiloado, quase 2 mil megawatts, com preço inferior a 100 reais por megawatts por hora, menor que o das hidrelétricas, a 104,75 reais. A Associação Brasileira de Energia Eólica (Abeeólica) previa investimentos de 25 bilhões de reais nesse setor até 2013, em 141 projetos (4 343 megawatts, tanto quanto em Belo Monte). O potencial eólico já mapeado no Brasil até 2010 estava em 143 mil megawatts, mas com perspectivas de atingir até 300 mil megawatts.

A energia solar também avança no Brasil. Em 2011, acrescentaram-se mais 200 mil m² de painéis aos quase 1 milhão implantados em 2010. Se todos os 11 milhões de habitantes da cidade de São Paulo, por exemplo, se banhassem em água aquecida por painéis solares, economizariam 7,3 bilhões de reais anuais em contas a concessionárias de energia e evitariam a emissão de 450 mil toneladas de dióxido de carbono.

A OCUPAÇÃO IRRACIONAL DO ESPAÇO AMAZÔNICO

Apesar de relevantes, as áreas inundadas pelas hidrelétricas perdem de longe para aquelas desmatadas diretamente para aproveitar o estoque madeireiro e expandir as fronteiras agrícolas. O desmatamento é, sem dúvida, responsável pelo maior impacto ecológico causado pelo ser humano na região. O aumento da população e a construção de novas estradas, vilas e cidades são fatores que intensificam o processo de desmatamento.

Definição das classes de energia eólica

	Mata		Campo aberto		Zona costeira		Morros		Montanhas	
Classe	V_m (m/s)	E_m (W/m²)	V_m (m/s)	E_m (W/m²)	V_m (m/s)	E_m (W/m²)	V_m (m/s)	E_m (W/m²)	V_m (m/s)	E_m (W/m²)
4	> 6	> 200	> 7	> 300	> 8	> 480	> 9	> 700	> 11	> 1250
3	4,5-6	80-200	6-7	200-300	6,5-8	250-480	7,5-9	380-700	8,5-11	650-1250
2	3-4,5	25-80	4,5-6	80-200	5-6,5	100-250	6-7,5	200-380	7-8,5	300-650
1	< 3	< 25	< 4,5	< 80	< 5	< 100	< 6	< 200	< 7	< 300

Nesta tabela, V_m indica a velocidade média anual a 50 m de altura em m/s; E_m indica a densidade de energia média em W/m².

Fonte: FEITOSA, Everaldo Alencar do Nascimento et al. *Panorama do potencial eólico no Brasil*. Brasília: Aneel, 2003.

© NASA

Imagem de satélite captada em setembro de 1996, da região oeste de Rondônia. Observe a área devastada e seu padrão espinha de peixe, em que um acesso é aberto transversalmente a uma via de acesso principal e os lotes vão invadindo a área que antes era de mata nativa.

Durante a ditadura militar dos anos de 1960 e 1970, os militares acreditavam que a Amazônia era uma terra sem dono e adotaram o *slogan* "ocupar para não entregar". Eles tomaram medidas para incentivar a colonização da região, como a abertura de estradas e a concessão de isenções para quem se mudasse para a região da floresta. Essas rodovias construídas proporcionaram acesso a áreas antes inóspitas, facilitando a extração e apropriação dos recursos naturais da região.

Mais recentemente, a extração de madeira atingiu números inéditos. Com o esgotamento das matas do Sul, a Amazônia tornou-se a grande fornecedora de madeira do Brasil. Com isso, o estoque de mogno de Rondônia está chegando ao fim, assim como o de castanheira – árvore teoricamente protegida por lei. Em Paragominas, o quadro era semelhante até 2010. Eram mais de 400 madeireiras em seu território no final dos anos 1980, número que caiu para 6 ou 7 em 2009. Em 2007 foram desmatados 107 km² de florestas na cidade. Com esse índice caindo 43% em 2009 (61 km²), a cidade, no nordeste do Pará, foi a única que conseguiu reduzir o desmatamento de forma significativa e implementar o Cadastro Ambiental Rural (CAR) em pelo menos 80% das propriedades, deixando a lista dos maiores devastadores do Brasil.

Os madeireiros fazem grandes percursos entre um espécime e outro de madeira de lei. Um exemplar de mogno comercialmente aproveitável, com até 40 m de altura e 3,5 m no diâmetro do tronco, pode estar a até centenas de metros de outro semelhante. No percurso, os coletores de madeira abrem milhares de quilômetros de estradas no meio da mata e, para derrubar apenas uma única árvore, 40% da vegetação do entorno é retirada. Estima-se que há quinze árvores perdidas para cada árvore cortada.

Essas estradas, depois de abertas, servem de acesso aos colonos assentados pelo governo e aos posseiros que, instalando-se mais para o interior da mata, criam a necessidade de abertura de novas estradas. O ciclo estrada-ocupação parece interminável.

Segundo dados do IBGE, em 2008 o Brasil possuía 172 milhões de hectares de pastagens, dos quais mais de 61 milhões encontram-se na Amazônia Legal. Só em Rondônia a área desmatada até 2008 foi estimada em 82,5 mil km^2, o que equivale a 34% de seu território.

A derrubada da floresta seguida pela queima tem sido o meio mais rápido e barato de limpar a área para a formação de pastagens. A cada ano, milhares de hectares de florestas são queimadas por toda a Amazônia. O pior é que, após o estabelecimento das pastagens, há um pequeno período produtivo (cerca de três a cinco anos), decorrente da fertilização que as cinzas das queimadas oferecem, seguido invariavelmente de uma queda acentuada da fertilidade do solo. O processo de degradação é acelerado pela invasão de pragas e doenças, de modo que se estima que 40% da área de pastagem na Amazônia encontra-se com baixíssima produtividade.

Desde o início dos anos 1990, mais de sessenta satélites capazes de vigiar a Amazônia foram lançados ao espaço. Também entrou em operação o Sistema de Proteção da Amazônia, que utiliza, além dos satélites, aviões e oitocentas estações terrestres para monitorar a região. Toda essa avançada tecnologia custou 1,4 bilhão de dólares aos cofres públicos brasileiros. Outros 20 milhões de dólares foram gastos na modernização do Instituto Nacional de Pesquisas da Amazônia (Inpa) e do Instituto Nacional de Pesquisas Espaciais (Inpe). Apesar de todo esse avanço no monitoramento, muito pouco se tem feito para evitar a degradação da Amazônia, que ao final da primeira década dos anos 2000 já apresentava 80% do tamanho original. Só entre 1990 e 2005, 28,8 milhões de hectares foram desmatados – metade de tudo o que foi destruído desde 1500. Pode parecer um argumento alarmista, mas não podemos deixar de nos preocupar com os números da devastação.

A destruição da floresta amazônica pode trazer prejuízos incalculáveis ao ser humano e a todo o planeta. Localmente, os solos serão afetados pela erosão, tornando-se ainda mais pobres. Diversas espécies e nichos ecológicos desaparecerão. Como a floresta não irá mais reter a água das chuvas, ocorrerão inundações descontroladas que provocarão o assoreamento mais rápido de rios e barragens. O regime de chuvas do continente será afetado, e é provável que todo o clima do planeta sofra alterações. Alguma coisa, com certeza, precisa ser feita para salvar a floresta e, consequentemente, o próprio ser humano.

AS PROPOSTAS ALTERNATIVAS DE OCUPAÇÃO

Diante do quadro atual, diversos cientistas e entidades têm estudado alternativas para a preservação e a utilização racional dos recursos da Amazônia. O passo inicial consistiria na criação de uma política específica para a região, que definisse as áreas prioritárias para a conservação e ordenasse os sistemas atuais de exploração.

Agricultura

Não é preciso devastar mais a floresta para a implantação da agricultura. O ambientalista e coordenador do Instituto Peabiru, João Meireles Filho, afirma que o país opta por ocupar novos pastos na Amazônia em vez de melhorar a produtividade do que já se transformou em pasto no Sul, Centro-Oeste e Sudeste. Dos 850 milhões de hectares do Brasil, há cerca de 30% ocupados com pastagens. Desse total, cerca de 30% estão na Amazônia (75 milhões de hectares), onde a produtividade é insignificante (0,7 cabeça/hectare). Vale lembrar que o Brasil possui ao todo cerca de 50 milhões de hectares em áreas de agricultura! As culturas de milho e feijão-caupi são alternativas adequadas para utilização na recuperação das pastagens degradadas.

As culturas de produtos agrícolas da região, como o dendê, o babaçu e o açaí, deveriam merecer atenção especial, uma vez que já se encontram aclimatadas e adaptadas às condições locais. As espécies trazidas de outros locais necessitariam de manipulação especial, o que aumentaria em muito os custos de produção. Além disso, descaracterizariam a flora regional, e sua relação com o restante do ecossistema poderia não ser tão harmônica como a das espécies amazônicas entre si.

Diversas são as plantas nativas de interesse econômico, como o dendê e o cacau. Utilizando apenas 1% da Amazônia (5 milhões de hectares) para a plantação de dendê, seria possível obter 30 milhões de toneladas (o dobro da produção de soja do Brasil) do produto, e o cultivo empregaria mais de 2 milhões de trabalhadores. A mesma área com cacau aumentaria em sete vezes a produção brasileira, empregando mais 2 milhões de pessoas.

Segundo pesquisas do Inpa, são cerca de trezentas as espécies nativas da Amazônia ou nela introduzidas já catalogadas com potencial para as áreas medicinal, fitoterápica, aromática e cosmética, como a jarina (o marfim-vegetal), a rutila, o jaborandi (princípios ativos) e o pau-rosa (essência de perfume). Isso sem falar naquelas que podem ser utilizadas para a alimentação, como açaí, araçá, araticum, babaçu, bacaba, bacuri, biribá, buriti, buritirana, caju, camu-camu, castanha-do-brasil, cupuaçu, graviola, jambo, jenipapo, mamorana, mangaba, murici, pequi, pitanga, pupunha, sapota, taperebá, umbu e uxi.

Ainda pouco significativas em termos macroeconômicos, as plantas medicinais podem se tornar uma atividade econômica atrativa e rentável para os povos da Amazônia. No entanto, para garantir o uso de tecnologia e práticas adequadas aos ambientes existentes, seria preciso desenvolver um amplo trabalho de educação, em que fossem também discutidas com as populações locais noções de funcionamento dos ecossistemas. A conscientização dos trabalhos locais sobre a importância da exploração racional das riquezas da Amazônia garantiria um aumento considerável de produção compatível com a preservação da mata primária. Essa conscientização não pode se limitar aos trabalhos: é fundamental que atinja as autoridades responsáveis pelos destinos do nosso meio ambiente.

Extrativismo vegetal

A Lei nº 11.284, aprovada em 2006, regulamentou a abertura das áreas públicas federais à produção empresarial de madeira e de outros recursos florestais e fez o Banco Nacional de Desenvolvimento Econômico e Social (BNDES) sinalizar para o mercado financeiro a confiança nas concessões florestais em terras públicas. Com isso, as indústrias

Projetos de manejo florestal na Amazônia

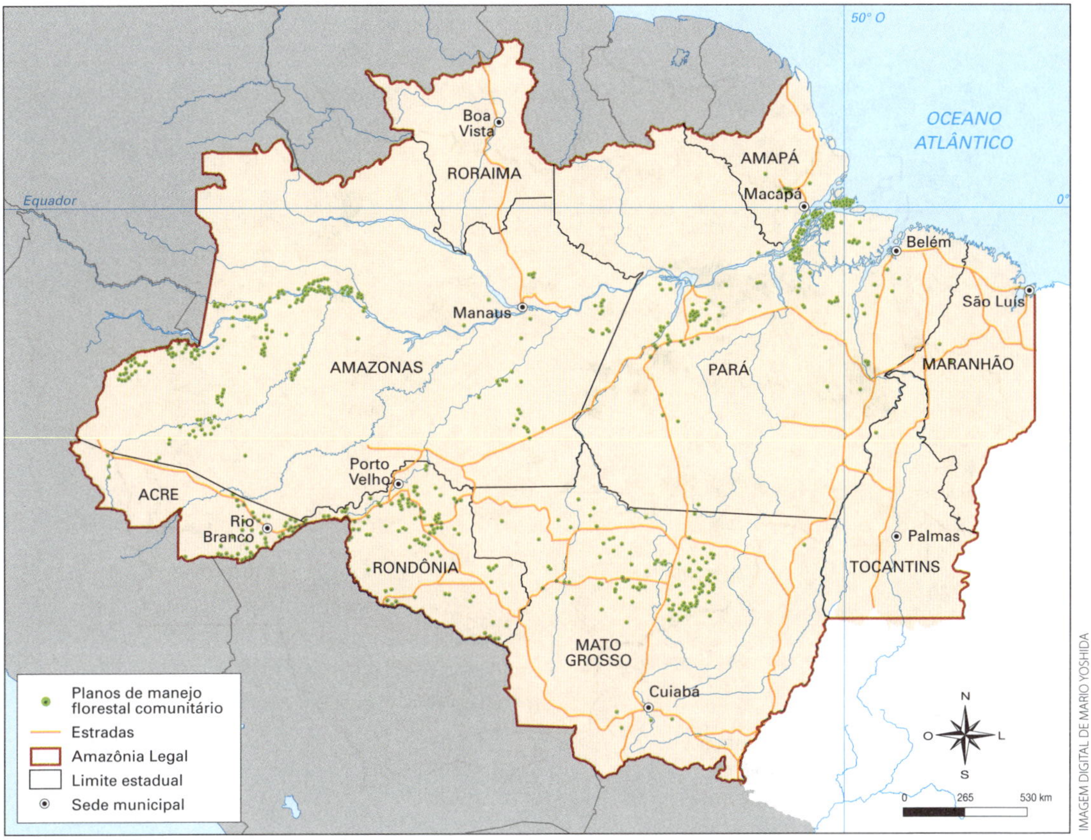

Fonte: INSTITUTO DO HOMEM E MEIO AMBIENTE DA AMAZÔNIA (Imazon). Manejo florestal comunitário. Disponível em: <www.imazon.org.br/mapas/manejo-florestal-comunitario>. Acesso em: 23 out. 2011.

madeireiras da Amazônia poderão ganhar investidores de vários países. Os projetos de prevenção, monitoramento e combate ao desmatamento e de promoção da conservação e do uso sustentável das florestas no bioma Amazônia deverão ser financiados pelo Fundo Amazônia. O governo da Noruega se comprometeu a financiar a entidade, com um aporte de 1 bilhão de dólares, em remessas entre os anos 2010 e 2015. A metodologia exigida para explorar madeira e demais produtos da floresta é o manejo ecológico. Trata-se de uma metodologia que permite a exploração dos recursos da mata sem necessariamente destruí-la. As árvores mais velhas e de interesse comercial são derrubadas, deixando-se intactas as menores da mesma espécie. Com o rodízio das áreas de exploração, sempre serão encontradas árvores em ponto de corte, o que garantirá a produção desejada. A manutenção das árvores menores permite o retorno futuro à mesma área, com a certeza de que novas árvores poderão ser cortadas. A formação de sementes continuará ocorrendo,

Áreas de populações extrativistas na Amazônia Legal

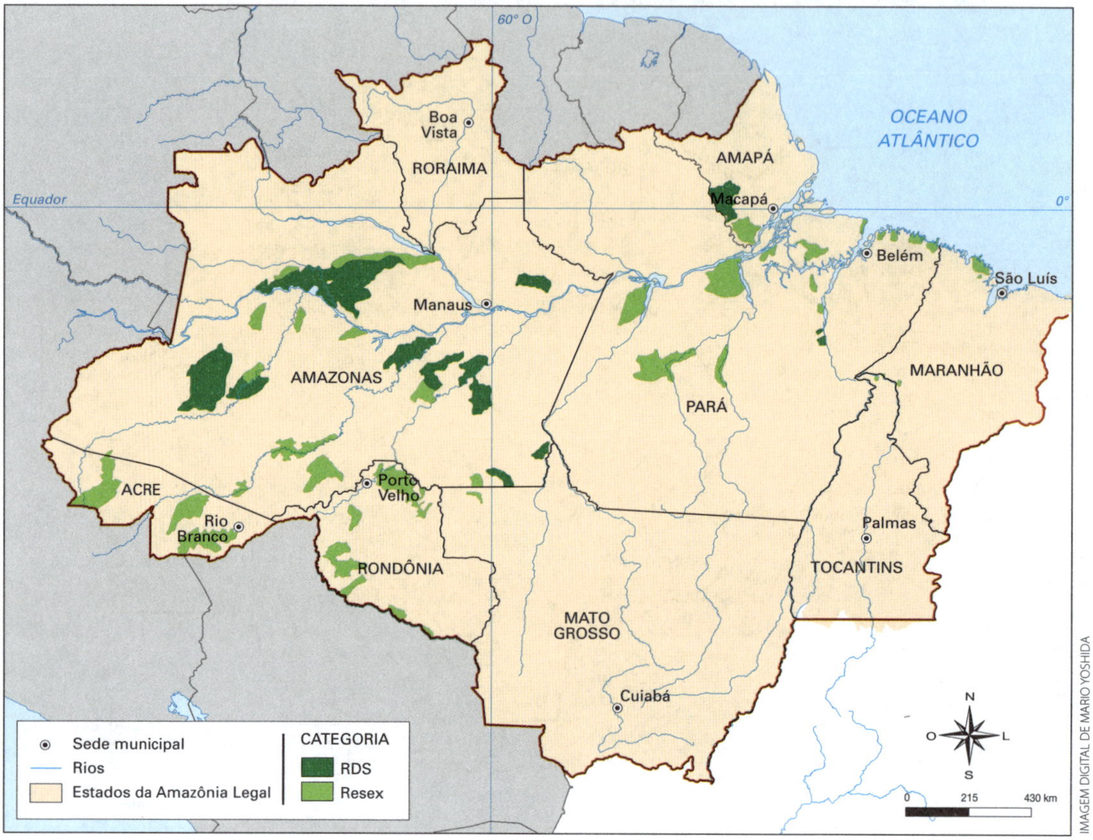

Mapa produzido pelo Instituto de Pesquisa Ambiental da Amazônia (Ipam), ilustrando, duas décadas após o assassinato de Chico Mendes, ocorrido em 1988, as áreas criadas para populações extrativistas. Elas totalizam 87 unidades, protegendo 4,6% da Amazônia Legal. São 68 reservas extrativistas (Resex) e 19 reservas de desenvolvimento sustentável (RDS), federais e estaduais, cobrindo uma área total de 24 011 555 hectares (12 994 045 Resex e 11 017 510 RDS), representando 2,49% e 2,11% da Amazônia Legal, respectivamente.

Fonte: Adaptado de INSTITUTO DE PESQUISA AMBIENTAL DA AMAZÔNIA (Ipam); CENTRO DE GESTÃO E ESTUDOS ESTRATÉGICOS (CGEE). Áreas de populações extrativistas na Amazônia Legal. Disponível em: <http://g1.globo.com/platb/natureza-maryalle gretti/?s=amaz%C3%B4nia+legal>. Acesso em: 15 fev. 2013.

uma vez que sempre haverá plantas se reproduzindo, o que irá assegurar o desenvolvimento de novas árvores.

Esse processo, respeitados os limites que mantenham as populações de árvores em níveis que não comprometam sua existência, possibilita exploração da mata por tempo indefinido e sem provocar grandes danos ao ambiente. Pesquisas realizadas *in loco* podem determinar qual "velocidade" de extração de árvores velhas é compatível com o ritmo de crescimento das novas, de modo que garanta o equilíbrio da população. Isso porque, do corte de árvores ao completo restauro dos processos ecológicos essenciais das espécies replantadas, são necessários muitos anos. É preciso garantir que as técnicas utilizadas nesse manejo dito sustentável não provoquem a extinção de espécies de árvores essenciais ao equilíbrio do ecossistema.

O manejo ecológico já é utilizado com sucesso nas florestas de diversos países. No Brasil, em 2011, logo após a regulamentação da Lei nº 11.284, havia sete processos de concessão federal em diferentes fases, ultrapassando 1 milhão de hectares, com potencial de produzir 850 mil m^3 de árvores.

A continuidade da coleta de produtos vegetais – como a castanha, o látex de seringueira, o palmito e as frutas tropicais – requer uma medida importante: a criação de reservas extrativistas, categoria de área protegida importante no nosso Sistema Nacional de Unidades de Conservação (SNUC). Essas reservas são áreas preservadas nas quais é permitida a exploração dos recursos da floresta desde que mantidas intactas as características do ecossistema. Se bem manejadas, elas podem produzir indefinidamente, empregando a população local que já adota o extrativismo como forma de subsistência.

A luta pela implantação de reservas extrativistas foi motivo de conflitos armados entre latifundiários – no final dos anos 1980, muitos deles ligados à União Democrática Ruralista (UDR) – e seringueiros, culminando, em 1988, com o assassinato do sindicalista e ecologista Chico Mendes, líder e presidente do Sindicato dos Seringueiros. Esse fato provocou o protesto de mais de trinta entidades sindicalistas, religiosas, políticas, de direitos humanos e ambientalistas. Juntas, essas entidades articularam-se nacional e internacionalmente para pressionar os órgãos oficiais a punir esse crime e chamaram a atenção para um antigo problema regional: a exploração dos seringueiros pelos proprietários de terra.

Pecuária

Segundo Paulo Gustavo Prado, diretor de Política Ambiental da Conservação Internacional-Brasil (CI-Brasil), em depoimento ao informativo nº 85 do Instituto Ecológico Aqualung, "o maior desafio é montar uma sistemática de produção pecuária que seja responsável e sustentável em termos de sociobiodiversidade. Para isso, são necessárias medidas que passam por responsabilizar a produção quanto ao cumprimento da legislação ambiental e trabalhista, implantação de rastreabilidade no rebanho e de melhores práticas que aliem produtividade e conservação. Essas são premissas de sustentabilidade que quebram a performance atual de rentabilidade à custa de terra barata e sem cuidados, migratória sobre a floresta".

Os capins nativos representam um potencial elevadíssimo para a alimentação dos rebanhos de gado ou de búfalos, não sendo necessária a introdução de gramíneas exóticas. Os búfalos se adaptam muito bem a esse ambiente alagado, constituindo a melhor opção para a produção de carne e derivados. A Ilha de Marajó já possui o maior rebanho do Brasil, utilizando apenas seus pastos naturais. No entanto, como os búfalos são animais de grande porte, precisam de grandes espaços geográficos para que acessem os alimentos, mas, se não forem mantidos em áreas cercadas, podem comprometer a agricultura e outras atividades econômicas desenvolvidas pelos ribeirinhos.

Em hipótese alguma deve-se substituir a mata por pastos, pois ela é muito mais produtiva. Segundo o famoso agrônomo e ambientalista José Lutzenberger (1926-2002), um hectare de pasto de criação extensiva na

Amazônia pode produzir menos de 50 kg de carne por hectare anualmente, enquanto apenas as castanheiras dispersas na floresta, nessa mesma área, podem produzir até 1 tonelada de frutos por ano.

Recursos minerais

Se a exploração dos recursos minerais é inevitável, pode-se, pelo menos, tomar algumas medidas de preservação contra desastres ecológicos. Para todos os projetos de mineração, é imprescindível a elaboração de um minucioso estudo de impactos ambientais (EIA). Esse estudo seria a condição primordial para aprovação de qualquer projeto. Sua elaboração caberia a entidades

Cômputo geral das Unidades de Conservação federais no território brasileiro (atualizado em: 6 jun. 2012)

Categoria	Quantidade	Área oficial (ha)	% da área em relação à área total de UCs	% da área oficial em relação à área do Brasil
Federal				
Proteção integral				
Estação Ecológica (Esec)	31	6 796 267	4,483	0,798
Monumento Natural (Monat)	3	44 734	0,030	0,005
Parque Nacional (Parna)	68	25 269 114	16,669	2,968
Reserva Biológica (Rebio)	30	3 975 393	2,622	0,467
Reserva Ecológica (Resec)	1	109	0,000	0,000
Refúgio de Vida Silvestre (RVS)	7	202 308	0,133	0,024
Total Proteção Integral (federal)	140	36 287 925	23,937	4,262
Uso sustentável				
Área de Proteção Ambiental (APA)	32	9 755 885	6,435	1,146
Área de Relevante Interesse Ecológico (Arie)	13	34 439	0,023	0,004
Floresta Nacional (Flona)	65	15 812 644	10,431	1,857
Reserva de Desenvolvimento Sustentável (RDS)	1	64 735	0,043	0,008
Reserva Extrativista (Resex)	59	12 276 154	8,098	1,442
Total Uso Sustentável (federal)	170	37 943 857	25,029	4,457
Total Geral	310	74 231 782	100,000	8,719

Fonte: Instituto Socioambiental. Foram consideradas as extensões oficiais citadas nos instrumentos legais de criação ou alteração de área das Unidades de Conservação brasileiras, não tendo sido descontadas quaisquer sobreposições com áreas protegidas (Unidades de Conservação, terras indígenas e terras quilombolas). As áreas marítimas estão contempladas. Disponível em: <http://uc.socioambiental.org/brasil/c%C3%B4mputo-geral-de-ucs-federais>. Acesso em: 3 set. 2012.

competentes, que não se limitassem a produzir um mero documento burocrático exigido pelo governo, como ocorre atualmente com a maioria dos relatórios de impacto ao meio ambiente (RIMAs). Esses estudos de impacto ambiental apresentam um custo relativamente baixo em comparação com o custo total dos empreendimentos – entre 0,1% e 1,1%. No entanto, no Brasil há falta de recursos humanos para esse fim, pois os EIAs demandam um trabalho multidisciplinar e interdisciplinar. A Resolução Conama (Conselho Nacional do Meio Ambiente) 237/1997 tornou premente a necessidade de capacitação dos órgãos ambientais.

Depois de implantada, a mineração deve obedecer a normas de funcionamento que não agridam o ambiente. É preciso que se fiscalize a garimpagem do ouro e as indústrias mineradoras, para diminuir o despejo de mercúrio e de outras substâncias poluidoras nas águas dos rios. Finalmente, é importante que as áreas já exploradas sejam recuperadas, não se admitindo o seu simples abandono.

A PRESERVAÇÃO DE ÁREAS NATURAIS

O artigo 225 da Constituição Federal de 1988 assegura a todos os brasileiros um "meio ambiente ecologicamente equilibrado", impondo ao Poder Público o dever de protegê-lo. Para atender a esse disposto, o país concebeu um Sistema Nacional de Unidades de Conservação por meio da Lei nº 9.985/2000.

Até 2008, segundo dados do governo federal, 1,71 milhão km² (33,5% da Amazônia Legal brasileira) estavam enquadrados em alguma condição de área protegida, seja como Unidade de Conservação (de proteção integral ou de uso sustentável), terras indígenas, terras quilombolas ou áreas militares. As Unidades de Conservação (UCs) federais estendiam-se por 585 mil km² (11,5% da Amazônia Legal), dos quais as UCs de proteção integral (parques, estações ecológicas e reservas biológicas) cobriam 262 mil km² e as de uso sustentável (florestas, reservas extrativistas e áreas de proteção ambiental) totalizavam 323 mil km². As terras indígenas somavam 1,02 milhão km², o equivalente a 20% de todo o território da região, e as terras quilombolas cobriam 85 mil km² (1,6% do total). Por fim, as áreas militares, essencialmente o Campo de Instrução do Cachimbo, estendiam-se por 22 mil km², ou 0,4% da área regional.

Já segundo o Instituto do Homem e Meio Ambiente da Amazônia (Imazon), até dezembro de 2010 havia na Amazônia Legal 307 UCs, totalizando 1 174 258 km², o que corresponde a 23,5% desse território. Desse total, 196 eram de uso sustentável e 111 de proteção integral, administradas tanto pelo governo federal (132) como pelos governos estaduais (175). As unidades federais contabilizavam 610 510 km², sendo 314 036 km² de proteção integral e 296 474 km² de uso sustentável. As unidades estaduais somavam 563 748 km²: 129 952 km² de proteção integral e 433 796 km² de uso sustentável.

Os dados do Instituto Socioambiental, reproduzidos na tabela da página anterior, demonstram claramente a situação das UCs existentes na Amazônia, por categoria e esfera administrativa, até junho de 2012.

Ainda segundo levantamentos do Imazon, até 2010 o Estado do Pará possuía a maior extensão de Unidades de Conservação da Amazônia, com 403 155 km², seguido pelo Amazonas, com 369 788 km². O

Áreas protegidas da Amazônia Legal até 2011

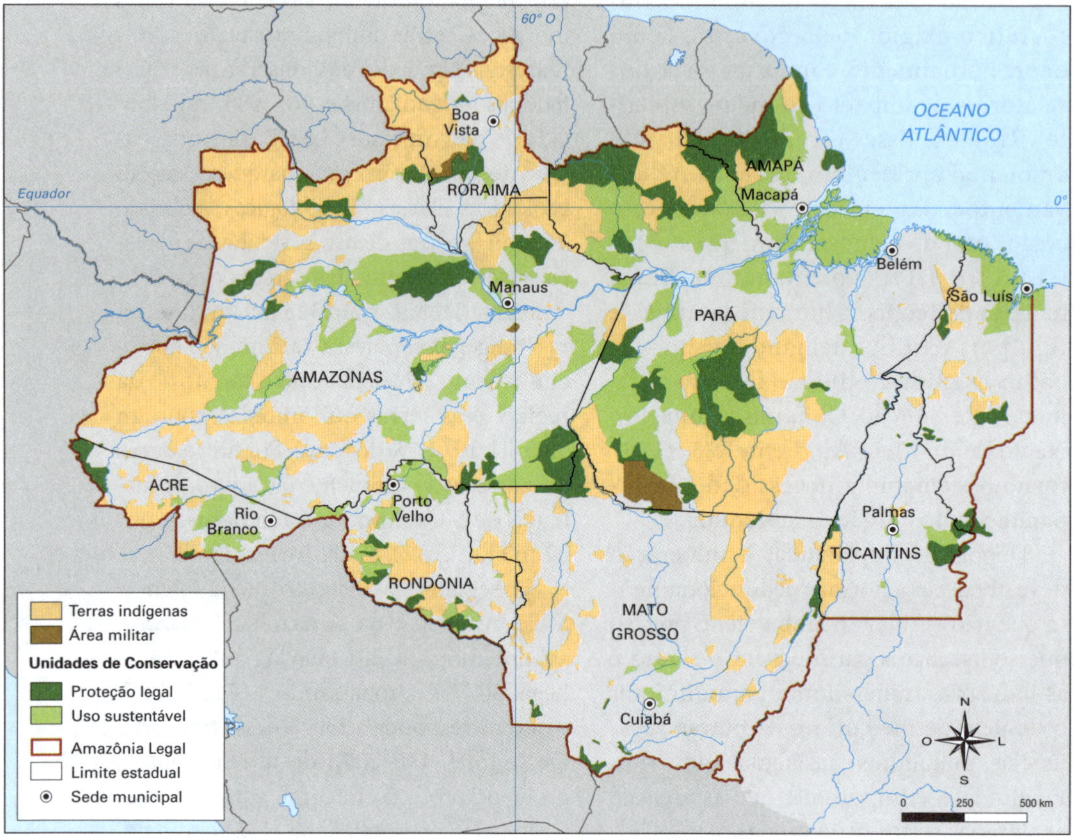

IMAGEM DIGITAL DE MARIO YOSHIDA

Em parceria com o Inpe, o Imazon desenvolveu metodologia própria para detectar, via satélite, o desmatamento da maior floresta tropical do mundo, complementando os sistemas governamentais liderados pelo Inpe. Souza revela como esses sistemas de monitoramento tornaram mais confiáveis a tecnologia de vigilância e a divulgação das ações humanas no território amazônico. Adaptado do texto disponível em: <www.planetasustentavel.abril.com.br/noticia/ambiente/tecnologia-contra-desmatamento-647212.shtml>. Acesso em: 3 set. 2012.

Fonte: Adaptado de INSTITUTO DO HOMEM E MEIO AMBIENTE DA AMAZÔNIA (Imazon); INSTITUTO NACIONAL DE PESQUISAS ESPACIAIS (Inpe). As áreas protegidas da Amazônia Legal. Disponível em: <www.imazon.org.br/mapas/as-areas-protegidas-da-amazonia>. Acesso em: 23 out. 2011.

Amapá possuía a maior proporção de UCs, 62,1% do seu território, quase o dobro da proporção do Acre, de 34,2%, e do Pará, com 32,3% do território protegido. Por outro lado, os Estados com a menor proporção de UCs eram Mato Grosso (4,6%), Roraima (11,9%) e Tocantins (12,3%).

Infelizmente, boa parte dessas áreas não se encontrava devidamente demarcada e apresentava sérios problemas fundiários, inclusive com a presença de latifúndios dentro de seus limites. As terras protegidas despertam, em geral, alto interesse econômico e, pela falta de infraestrutura básica de funcionamento – como guardas-florestais, veículos para fiscalização de limites etc. –, são alvo fácil de grileiros exploradores de madeira e riquezas minerais. É necessário, portanto, consolidar a atual rede de UCs e de reservas indígenas, além de implantar outras novas, preservando áreas que assegurem a manutenção dos ecossistemas. Os órgãos de controle e fiscalização precisam ser fortalecidos, para que se garanta um bom manejo das áreas preservadas.

A hipótese de preservação total da Amazônia é completamente utópica, mas algumas reflexões devem ser feitas. Durante muito tempo defendeu-se que sua exploração estaria dentro de limites adequados se algumas áreas fossem transformadas em parques nacionais, em pequenas "ilhas". Hoje, sabemos que os ecossistemas não se mantêm, e a degradação total é inevitável em tal situação. O ideal é que a ocupação da Amazônia seja feita justamente de modo contrário, com a utilização de pequenas "ilhas" para a agricultura, a pecuária, a mineração e a urbanização, e com a manutenção da maior parte da floresta conservada, o que permitiria ao ecossistema suportar a atividade antrópica. Essa área, manejada adequadamente, garantiria a conservação de porções estratégicas de cobertura florestal, principalmente se for reconhecida a importância da sabedoria das populações tradicionais para promover a exploração econômica de seus produtos e se for implementado o uso sustentável de suas florestas nacionais.

Em 2001, foi criada a Reserva da Biosfera da Amazônia Central (RBAC), localizada na área do Projeto Corredor Ecológico Central da Amazônia, no interior do Estado do Amazonas. É formada pelo conjunto de UCs contínuas, pelo Parque Nacional do Jaú, pela Estação Ecológica de Anavilhanas, pelas Reservas Ecológicas do Rio Negro, Javari-Solimões e de Juami-Japurá, pela Reserva Biológica do Uatumã, pela Floresta Nacional de Tefé e pelas Reservas de Desenvolvimento Sustentável de Mamirauá e Amanã, entre outras de menor extensão territorial.

Em 2008, o governo federal, em parceria com os governadores dos Estados da região amazônica, criou o Plano Amazônia Sustentável (PAS), com o objetivo de:

> implementar um novo modelo de desenvolvimento na Amazônia brasileira, pautado na valorização das potencialidades de seu enorme patrimônio natural e sociocultural, voltado para a geração de emprego e renda, a redução das desigualdades sociais, a viabilização de atividades econômicas dinâmicas e inovadoras, com inserção em mercados regionais, nacionais e internacionais, e o uso sustentável dos recursos naturais com a manutenção do equilíbrio ecológico.

Disponível em: <www.sae.gov.br/site/?p=1078>.
Acesso em: 11 ago. 2012.

Todas essas propostas e discussões evidenciam que a preservação da floresta amazônica não é mais preocupação exclusiva de alguns ecologistas. A consciência mundial foi despertada para o problema, uma vez que a degradação da Amazônia afeta todos os habitantes do planeta. E essa consciência pode trazer a esperança de que a ganância dos que só pensam no lucro imediato não destrua o maior e, por enquanto, o mais preservado ecossistema brasileiro. Suas imensas e ainda pouco conhecidas riquezas, se exploradas de maneira racional e bem planejada, certamente trarão, no futuro, benefícios inimagináveis ao povo brasileiro e a toda a humanidade.

PARTE 2

A mata atlântica

Ocupação do bairro Cota 50, em Cubatão (SP), na encosta da serra do Mar, em 2011. Fotografia digital.

Capítulo 3

A floresta do litoral brasileiro

Na época do descobrimento do Brasil, a mata atlântica estendia-se desde o cabo de São Roque, no Rio Grande do Norte, até as serras do Herval e de Tapes, no Rio Grande do Sul, ocupando uma área total de 350 mil km². No sul da Bahia, fundia-se com a hileia baiana, mais exuberante e com muitas espécies iguais ou aparentadas às da Amazônia.

Hoje, constata-se, infelizmente, que 92% da área dessa mata foi totalmente destruída pela ação humana. Os trechos remanescentes continuam sofrendo impiedosos ataques de caçadores e madeireiros, o que, em curto espaço de tempo, pode levar a seu completo desaparecimento. Entre os Estados brasileiros que abrigam e desmatam esse bioma, a situação mais crítica é em Minas Gerais, Bahia, Santa Catarina e Paraná, que perderam, entre o período de 2008 a 2010, 12 467, 7 725, 3 701 e 3 248 hectares, respectivamente. A esses números, somam-se desflorestamentos de 1 864 hectares no Rio Grande do Sul, 579 hectares em São Paulo, 320 hectares em Goiás, 247 hectares no Rio de Janeiro, 237 hectares no Espírito Santo e 117 hectares em Mato Grosso do Sul.

A mata atlântica, ao contrário da floresta amazônica, desenvolveu-se principalmente sobre uma extensa cadeia montanhosa que acompanha quase todo o litoral brasileiro, espalhando-se dali para as terras mais planas. Por esse motivo, 20% de todos os remanescentes florestais se encontram no vale do rio Ribeira de Iguape, na fronteira dos Estados de São Paulo e Paraná. A evaporação da água do mar e os ventos que sopram em direção ao continente garantem a umidade necessária para a formação de uma floresta tropical, pois da condensação dessa água, que se resfria ao atingir as serras litorâneas, resultam as chuvas, constantes na região.

Por ter crescido nas encostas montanhosas, favorecida por uma melhor incidência de luz, a mata atlântica tem como característica principal a presença de árvores com altura média de 30 m. Essas árvores amenizam o clima do litoral, pela liberação de umidade, e provavelmente influenciam o de outras regiões vizinhas.

Diversos rios situam-se inteiramente em seus domínios, englobando sete das nove maiores bacias hidrográficas brasileiras. Os mais importantes são o Jequitinhonha, o Doce, o Paraíba do Sul, o Pardo, o de Contas, o Paraguaçu, o Paraná Superior, o Iguaçu e o Ribeira de Iguape.

Corte da mata atlântica

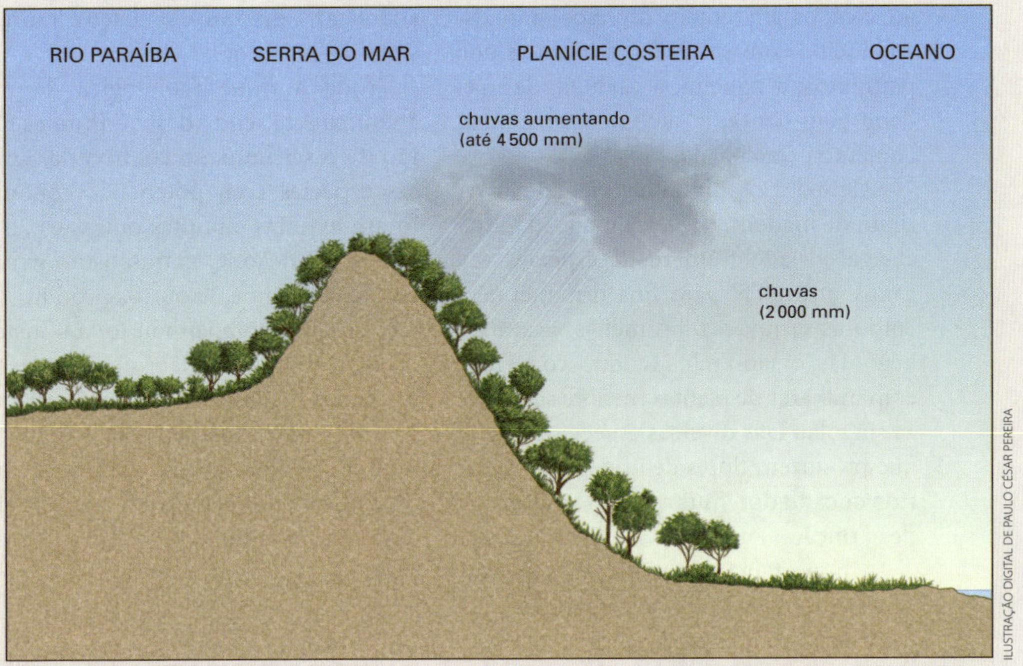

Ao contrário da floresta amazônica, a mata atlântica desenvolveu-se sobre uma extensa cadeia de montanhas que garante as constantes chuvas na região do Vale do Paraíba.

De águas límpidas no passado, a maioria desses rios carrega atualmente enorme quantidade de sedimentos, resultado da intensa erosão que ocorre em suas margens devido ao desmatamento. Isso torna suas águas barrentas, com sérios prejuízos para os seres aquáticos.

A MAIOR DIVERSIDADE DO PLANETA

Segundo os botânicos que pesquisaram a mata atlântica, esta é a floresta que exibe a maior diversidade de vegetais do planeta. Ela detém o recorde de plantas lenhosas por hectare (458 espécies no sul da Bahia), cerca de 20 mil espécies vegetais, 8 mil delas endêmicas, e recordes de quantidade de espécies e endemismo em vários outros grupos de plantas e animais, incluindo 250 espécies de mamíferos (55 endêmicos), 1 020 aves (188 endêmicas), 197 répteis (60 endêmicos), 340 anfíbios (90 endêmicos) e 350 peixes (133 endêmicos). Para termos um referencial comparativo, basta lembrar que em uma floresta temperada da Europa crescem em média dez espécies por hectare, enquanto na mata atlântica desenvolvem-se 150 espécies em área de igual dimensão. Infelizmente, concentram-se nesse ecossistema 185 das 265 espécies de animais ameaçados de extinção no Brasil, ou seja, cerca de 70% do total deles.

São típicos dessa região o pau-brasil, o jacarandá e o palmito, de grande interesse econômico e hoje quase extintos pelo extrativismo. Outras árvores existentes são o jambo e o jambolão, cujos frutos adocicados alimentam diversos animais; a paineira, com sementes apreciadas por periquitos; a figueira; a caviúna, de madeira bem densa; o jatobá e a embaúba, alimento principal das preguiças.

Além de possuir uma variedade incomum de madeiras de lei, a mata atlântica abriga elevado número de espécies vegetais utilizadas para fins ornamentais, como as orquídeas, bromélias, gravatás, begônias e samambaias, que convivem com milhares de plantas menores de beleza singular. Das diversas espécies de lírio, que produzem flores delicadas e de colorido encantador, muitas estão ameaçadas de extinção.

A importância da mata atlântica não se restringe à sua grande diversidade. Os principais ecossistemas litorâneos brasileiros, como as restingas e os manguezais, dependem de sua preservação. A maioria dos rios que formam o sistema de irrigação dos manguezais nasce nas serras cobertas pela floresta. Essa cobertura vegetal controla as nascentes dos rios que deságuam no mar, impedindo que as chuvas provoquem a erosão do solo, o que acarretaria o assoreamento dos estuários.

Apesar da riqueza de espécies, a fauna da mata atlântica está sob constante ameaça de extinção, com seus principais animais reduzidos a populações inexpressivas e sofrendo o constante ataque do ser humano. Nessa situação, encontram-se a onça-pintada, a suçuarana, o cachorro-do-mato-vinagre, a jaguatirica, o mono-carvoeiro (o maior macaco das Américas), os saguis, o guaxinim, a capivara, a anta, o caxinguelê, a preguiça, o tamanduá, a paca, a cutia e o mico-leão-dourado. Entre as aves, também seriamente ameaçadas, destacam-se o jacu, o macuco, a jacutinga, o tiê-sangue, a araponga (a "voz" da mata atlântica), o mutum, o sanhaço e inúmeros tipos de beija-flor.

Toda a riqueza biológica da mata atlântica está sendo destruída antes mesmo de o ser humano conhecê-la. Diversas espécies com potencial econômico foram extintas e muitas outras estão em via de extinção. O extrativismo irracional da madeira e de outros produtos florestais, que acompanhou toda a história da ocupação da região, desde o descobrimento, transformou a mata atlântica na mais ameaçada floresta tropical do mundo. Talvez já seja tarde, mas algo precisa ser feito para evitar seu completo desaparecimento.

O QUE RESTOU APÓS ANOS DE DEVASTAÇÃO

Em 1503, iniciou-se em nosso país um ciclo econômico baseado na extração de uma espécie de árvore frondosa, de cuja madeira se retirava uma tinta vermelha, utilizada como corante de tecidos: o pau-brasil. Em meados do século XIX, quando se descobriu na Europa um correspondente sintético do corante dele extraído, o pau-brasil já era raro na mata atlântica. O extrativismo foi tão intenso que essa espécie hoje só é encontrada em alguns jardins botânicos e está ameaçada de extinção.

Outras madeiras existentes na mata atlântica foram utilizadas na fabricação de navios, na construção de aldeias e cidades e no fornecimento de energia, o que contribuiu significativamente para a devastação.

Na época áurea da cana-de-açúcar e do gado, a floresta passou a ceder espaço à ocupação humana, que, devido à facilidade de transporte, se concentrava na faixa litorânea. Os grandes engenhos, com suas amplas instalações, eram todos construídos com madeira extraída da mata. Por ter sido mal planejada, essa ocupação causou sérios danos: houve grande desperdício de recursos naturais e muitas terras impróprias ao cultivo foram utilizadas para a monocultura da cana.

A mudança de culturas, da cana-de-açúcar para o café, o algodão e as frutas comerciais, não interrompeu a crescente devastação da floresta, mais uma vez sacrificada para abrigar uma população produtiva cada vez maior. Posteriormente, com a expansão dos núcleos habitacionais, a mata foi sendo tomada por loteamentos e pela urbanização desenfreada, com sua madeira servindo às olarias e usinas geradoras de energia.

Toda essa exploração foi feita em nome do desenvolvimento e do progresso. Hoje, o que resta da mata atlântica limita-se a alguns parques e reservas, sempre invadidos e ameaçados.

"ILHAS" DE MATA ATLÂNTICA

O quadro nacional é desolador. Da cobertura original, sobrou apenas 7,6% (99 466 km^2), concentrados em especial nas regiões serranas do Sudeste e do Sul devido à intensa ocupação da área, hoje habitada por 120 milhões de pessoas (80% da população do Brasil) em 3 408 municípios.

Na região, estão as maiores cidades, polos industriais, portuários, petroquímicos, turísticos e grande parte das áreas agropastoris do país, concentrando mais de 70% do PIB nacional.

Reduzida a 0,3% de sua área original na região Nordeste do país, excetuando-se o sul da Bahia, onde possui maiores fragmentos, a mata atlântica ainda hoje é fortemente ameaçada. No Rio Grande do Norte, onde se iniciava, não sobrou uma só mancha da mata primária. Em Pernambuco, apenas 0,5% da área total está coberta por grandes árvores. Apesar de possuir uma área maior, Alagoas caminha para o mesmo fim, pois nos últimos setenta anos consumiu 80% do total de suas matas. Sergipe, com 1,8%, e Bahia, com 8% das matas originais, completam o panorama nordestino. Minas Gerais, na região Sudeste, conta com apenas 0,1%.

A mata atlântica sobreviveu principalmente nos Estados do Espírito Santo (7,5%), Rio de Janeiro (5%), São Paulo (4%), Paraná e Santa Catarina (10% do conjunto da mata atlântica e das florestas de araucária existentes no passado), formando um grande corredor ecológico, graças ao relevo acidentado e à pobreza dos solos das serras do Mar e da Mantiqueira, uma série de montanhas costeiras com até 2 500 m de altura, que caracterizam o litoral sul e sudeste do Brasil.

As principais áreas preservadas da mata atlântica localizam-se em Parques Nacionais como o do Itatiaia (SP, MG, RJ), da Serra da Bocaina (RJ), do Monte Pascoal (BA), da Chapada Diamantina (BA) e do Iguaçu (PR); em Parques Estaduais como o da Ilha do Cardoso (SP), da Ilha de São Sebastião (SP), da Ilha Anchieta (SP), do Vale do Ribeira (SP), da Serra do Mar (SP), da Serra do Japi (SP), de Jacupiranga (SP), Carlos Botelho (SP) e do Desengano (RJ); em Estações Ecológicas como as de Caratinga (MG), Jureia (SP), Poço das Antas (RJ) e Tapacurá (PE); e em algumas outras reservas municipais e de menor porte.

Todas essas áreas enfrentam os mesmos problemas para sua preservação. Examinaremos aqui a situação das principais reservas.

Cobertura remanescente da mata atlântica

IMAGEM DIGITAL DE MARIO YOSHIDA

A mata atlântica foi devastada desde o Brasil colonial: na extração do pau-brasil; na utilização da madeira para a construção de navios, engenhos, aldeias e cidades; e na ocupação do ser humano concentrada na faixa litorânea. Hoje, resta apenas 5% de toda a área original.

Fonte: Adaptado de SOS MATA ATLÂNTICA; INSTITUTO NACIONAL DE PESQUISAS ESPACIAIS (Inpe). Atlas dos remanescentes florestais da Mata Atlântica 2010-2011. Disponível em: <www.sosma.org.br/wp-content/uploads/2012/05/mapa_Brasil_A3_portrait_2010_2011_com_decs_com_leg_100dpi.png>. Acesso em: 23 out. 2012.

PARQUE ESTADUAL DA SERRA DO MAR

O Parque Estadual da Serra do Mar, com seus 315 mil hectares abrangendo 23 municípios do litoral paulista e do Vale do Paraíba, é a Unidade de Conservação com maior área de proteção integral da mata atlântica. Seu plano de manejo, elaborado em 2005/2006, definiu e regulamentou o zoneamento do parque, com destaque para algumas zonas, que concentram os maiores problemas e conflitos do seu território, apresentadas a seguir.

- Zona de Ocupação Temporária: ocupada por populações temporariamente, seguindo determinadas regras de uso do local, até que sejam indenizadas e realocadas a uma das Zonas Permanentes;
- Zona Histórico-Cultural Antropológica: contemplando as comunidades caiçaras e quilombolas na região de Picinguaba, em Ubatuba (SP);
- Zona de Uso Conflitante/Infraestrutura de Base: rodovias, ferrovias, dutos, linhas de transmissão, estações de captação e tratamento de água, barragens, antenas de rádio, TV e celulares, onde as concessionárias e operadoras controlam e monitoram as vias de acesso, objetivando apoiar a proteção dos mananciais e da biodiversidade.

O Plano de Manejo também definiu onze áreas prioritárias de manejo, principalmente para regularização fundiária e ecoturismo, e propôs 54 bases de apoio à fiscalização e visitação das trilhas, que deverão ser implantadas por meio de parcerias com a iniciativa privada. A regularização fundiária do parque seria realizada com recursos de compensação ambiental.

A abertura da Translitorânea (BR-101), que ladeia o litoral do Rio Grande do Norte ao Rio Grande do Sul e atravessa o parque, acarretou grande devastação ao ecossistema local. Funcionando como uma barragem, a estrada retém a água das nascentes da serra do Mar, provocando o apodrecimento das áreas de restingas, inundadas permanentemente. Também a extração do granito verde de Ubatuba, utilizado pela construção civil e exportado para os Estados Unidos, descaracterizou sensivelmente a paisagem dos morros das praias do Félix e de Itamambuca.

Construída sem qualquer preocupação com os impactos paisagísticos, ambientais e sociais, a rodovia transformou a região em foco de tensão social entre empreendedores e caiçaras, causada pela especulação imobiliária devido à brutal valorização das terras à beira-mar. A devastação mais visível foi produzida pelos loteamentos, que usaram a terra das encostas para aterrar os mangues, pedreiras, portos de areia e marinas. O acesso facilitado fez também a mata sofrer a ação das pequenas serrarias, dos palmiteiros e dos posseiros, que, no varejo, provocam danos irreversíveis ao ambiente.

A atividade de 23 complexos industriais, com 111 fábricas e mais de 320 fontes principais de poluição do ar, da água e do solo (cerca de 115 mil toneladas por ano de poluentes, entre os quais substâncias como dióxido de enxofre, hidrocarbonetos, óxido de nitrogênio, amônia e fluoretos), provocou a morte das árvores e gerou o desmatamento das encostas da serra do Mar, na região de Cubatão. Ali, têm ocorrido constantes deslizamentos de terra, uma vez que a mata, responsável pela retenção dos solos, cedeu lugar à vegetação rasteira, incapaz de suportar a força da erosão provocada pelas chuvas. Esses deslizamentos constituem ameaça constante às populações que habitam as encostas e às indústrias lá instaladas.

No início dos anos 1990, exigiu-se das empresas soluções para o controle gradativo das emissões de poluentes e, de acordo com os relatórios oficiais, até

Unidades de Conservação do Estado de São Paulo

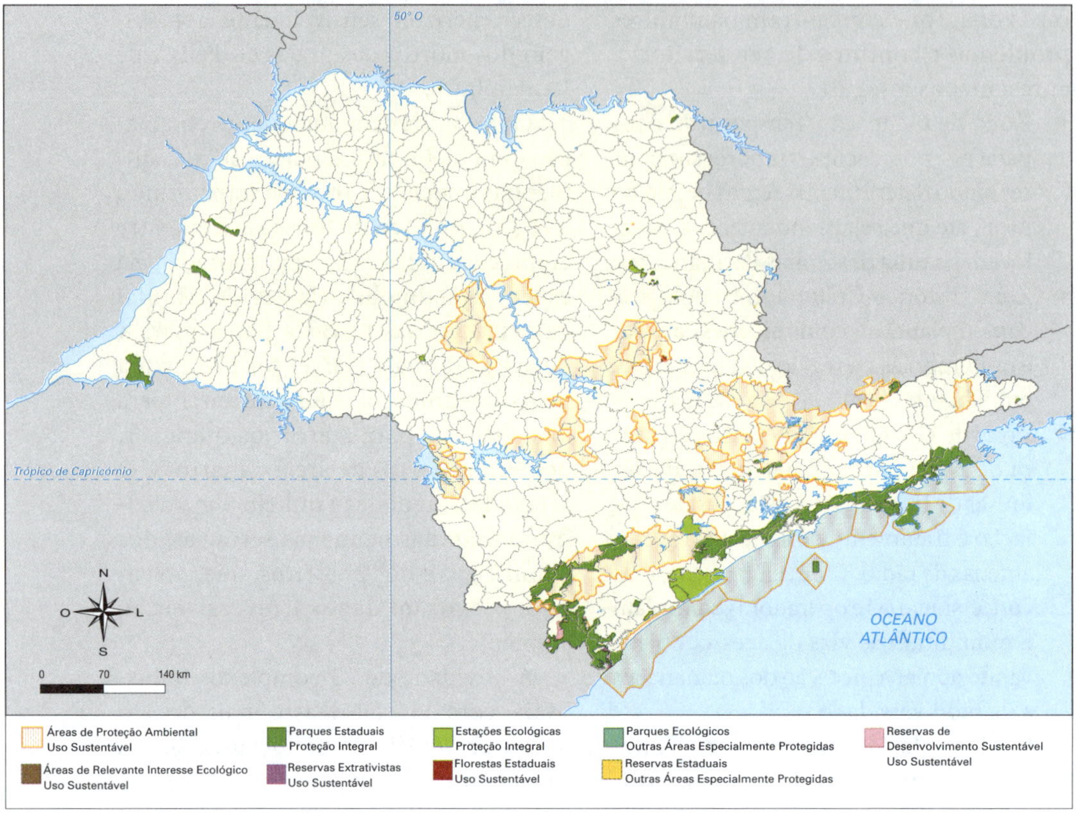

IMAGEM DIGITAL DE MARIO YOSHIDA

No conjunto, as Unidades de Conservação do Estado de São Paulo preservam o maior remanescente contínuo de mata atlântica do país.

Fonte: Adaptado de FUNDAÇÃO PARA A CONSERVAÇÃO E A PRODUÇÃO FLORESTAL DO ESTADO DE SÃO PAULO. Unidades de conservação estaduais sob gestão da Fundação Florestal. Disponível em: <www.fflorestal.sp.gov.br/media/uploads/pdf/UCS_FF2009.pdf>.

2005 as indústrias de Cubatão investiram valores superiores a 1 bilhão de dólares e controlaram cerca de 98,8% das fontes de emissão atmosférica.

A SITUAÇÃO DE OUTRAS RESERVAS

A região do Vale do Ribeira (SP) contém as maiores áreas contínuas dos remanescentes de mata atlântica do Brasil. Em dezembro de 1999, foi reconhecida pela Organização das Nações Unidas para a Educação, a Ciência e a Cultura (Unesco) como sítio do Patrimônio Natural da Humanidade. Engloba cerca de 20% de todas as áreas remanescentes de mata atlântica existentes no Brasil. Com mais de 120 mil hectares, os parques estaduais de Intervales, Carlos Botelho, Turístico do Alto Ribeira, Jacupiranga (hoje, um mosaico de UCs), junto com outras áreas protegidas, como a Estação Ecológica de Xitué e a Zona de Vida Silvestre da APA da Serra do Mar, formam o corredor ecológico de Paranapiacaba, considerado o mais importante trecho protegido da mata atlântica do Brasil. Outra unidade de conservação importante da região do Vale do Ribeira é o Parque Estadual da Ilha do Cardoso.

A fauna e a flora do Vale do Ribeira, uma das únicas regiões semi-intactas de São Paulo, vêm sofrendo extermínio cada vez mais rápido. Razões históricas, dificuldades de acesso e condições naturais adversas às atividades econômicas garantiram até hoje um relativo isolamento do vale e a preservação dos seus recursos naturais. Até meados dos anos 1950, viviam na região apenas alguns caiçaras, que plantavam banana e mandioca para subsistência. Devido à proximidade com o grande centro consumidor que se tornou a cidade de São Paulo, grandes empresas agropastoris, madeireiras e imobiliárias se instalaram na região.

Apesar de seu imenso patrimônio natural e cultural, a região do Vale do Ribeira é considerada a mais pobre do Estado de São Paulo e passa por constantes conflitos relacionados à ocupação da terra e de conservação do meio ambiente. O desenvolvimento econômico da região foi afetado negativamente pelo grande número de UCs existentes, criadas em resposta às pressões preservacionistas que se iniciaram no final da década de 1950. Mais de meio milhão de hectares estava sob proteção, impedindo o crescimento de atividades tradicionais como agricultura, pecuária e mineração. Cerca de 51% das áreas florestais da região estão dentro de suas UCs, e 41% dos atrativos turísticos naturais estão em locais legalmente protegidos.

O ecoturismo, assim, passa a ser uma das maiores possibilidades de desenvolvimento para o Vale do Ribeira, já que constitui a maior mancha de mata atlântica do país, com praias, ilhas, montanhas, rios, cachoeiras, manguezais, fauna e flora abundantes e bairros rurais e comunidades tradicionais (quilombolas, caiçaras e ribeirinhas), apresentando atrativos históricos e culturais do século XVI.

Existem na região do Vale do Ribeira cerca de trezentas cavernas cadastradas dentro de um raio de 70 km, a partir do rio Ribeira. A caverna mais visitada fica no Parque Estadual da Caverna do Diabo. Descoberta em 1898, a caverna foi aberta à visitação em 1974. O Parque Estadual Turístico do Alto Ribeira, no entanto, foi o local onde a atividade de espeleoturismo mais se consolidou. A caverna Santana, a mais procurada, possui trechos de acesso controlado, com salões de extrema fragilidade, exigindo uma boa justificativa e uma fila de dois anos para visitá-los.

O Parque Estadual da Ilha do Cardoso (PEIC) tem 14 km de sul a norte e outros 12 km de leste a oeste. Possui mais de 30 km de praias e uma mata virgem que serve de refúgio à fauna, que no continente é sempre dizimada. Outros ecossistemas, como os de restingas e manguezais, são encontrados na ilha, além de diversos sambaquis, completando um quadro único no país. A ilha tem se prestado a um trabalho de educação ambiental muito importante, graças às instalações construídas pelo governo estadual.

Em 2011, o PEIC implantou uma infraestrutura piloto que servirá de modelo para um programa de parceria entre a Fundação Florestal (gestora das UCs paulistas) e a iniciativa privada, prevendo

Fotografia digital da Caverna Casa de Pedra (o maior pórtico do mundo) cercada pela vegetação de mata atlântica no Petar, em Iporanga (SP), 2011.

a terceirização dos serviços de turismo. Denominado Projeto de Ecoturismo na Mata Atlântica, esse programa prevê investimentos em todas as UCs do Estado de São Paulo, apostando em atividades sustentáveis de uso público, com um orçamento de 15 milhões de dólares financiado pelo Banco Interamericano de Desenvolvimento (BID).

A inserção da comunidade no planejamento do ecoturismo é fundamental para que haja comprometimento com a conservação dos recursos e, de maneira recíproca, que o ambiente possibilite às pessoas uma vida digna, sem conflitos, especialmente no que diz respeito àqueles que possam causar danos à biodiversidade.

Devido à sua conformação física, com um relevo acidentado que dificulta o acesso, a região de Jureia-Itatins (SP) manteve-se preservada até os dias atuais. Ainda é possível observar o ecossistema natural com seu rico patrimônio genético, o que permite o desenvolvimento de estudos que podem ser utilizados para a recuperação de áreas mais degradadas.

Criada como Estação Ecológica em 1986, a Jureia foi transformada em um mosaico de áreas protegidas com 110 813 hectares. Pela Lei nº 613/2004, aprovada em 2006, foram criados dois parques estaduais, duas Reservas de Desenvolvimento Sustentável (RDS) e dois Refúgios Estaduais de Vida Silvestre, visando contemplar os direitos das mais de trezentas famílias de comunidades caiçaras que habitam a região.

A construção de estradas no interior dos parques é a grande ameaça a dois parques brasileiros: Carlos Botelho, em São Paulo, e o do Iguaçu, no Paraná. O Parque Estadual Carlos Botelho, próximo ao município de Sorocaba (SP), possui uma área de aproximadamente 38 mil hectares, onde habitam várias espécies ameaçadas de extinção, como a onça-pintada, o macaco, a jacutinga e o mono-carvoeiro. A rodovia SP-139, que liga São Miguel Arcanjo à rodovia BR-116, possui 33 km de terra dentro da reserva. Seu tráfego em 2006 era de cerca de cem veículos por dia, triplicando nos feriados e fins de semana. Diante das fortes pressões de políticos locais para asfaltar a rodovia, a Fundação Florestal propôs transformá-la em estrada-parque, implantando estruturas como mirantes, áreas de recreação etc. e compensar os possíveis impactos ambientais por meio de guaritas, redutores de velocidade, entre outros recursos. Sua pavimentação com placas de concreto faz parte do Projeto Ecoturismo na Mata Atlântica.

No Parque Nacional do Iguaçu, com 185 mil hectares na região da foz do rio Iguaçu, divisa com a Argentina, a rodovia PR-495 foi fechada definitivamente em 2007 por decisão da Vara Federal Ambiental Agrária e Residual, pois atravessava uma zona intangível. Apesar dessa providência, há ainda quem defenda sua reabertura e asfaltamento, o que, além dos problemas já citados, provocaria constantes atropelamentos de animais silvestres. Em 2011, por exemplo, foi instalada uma comissão especial para analisar o Projeto de Lei nº 7.123/10, que cria a estrada-parque Caminho do Colono, situada entre os quilômetros zero e 17,5 da rodovia.

No Rio Grande do Norte, a total destruição da mata atlântica trouxe uma série adicional de efeitos danosos. O mais evidente foi o aumento dos períodos de seca no Estado. A falta de cobertura vegetal tornou insuficiente a umidade do solo, cuja evaporação garantia as chuvas. Mas o problema não para aí: por não encontrar obstáculos, os ventos que sopram do mar estão levando sua salinidade natural para o agreste, o que poderá resultar na salinização da região, com consequentes danos à vegetação. Esses ventos também deslocam com maior facilidade as dunas de areia, que poderão assorear as dezenas de lagoas existentes no litoral, inclusive em Genipabu, ameaçando, assim, uma das mais belas atrações turísticas do Estado.

Na Bahia, o Parque Nacional do Monte Pascoal – que com os dois outros parques nacionais, o do Pau-Brasil e o do Descobrimento, forma o corredor ecológico da Costa do Descobrimento – está sendo constantemente invadido por indígenas corrompidos por madeireiros inescrupulosos, que lhes pagam para derrubar os últimos exemplares de jacarandá – espécie de madeira de lei hoje tão rara que não tem cotação no mercado madeireiro baiano.

Em 2009, o parque foi atingido por um incêndio que destruiu boa parte de sua área. Acredita-se que esse incêndio foi provocado pelos próprios indígenas, para facilitar o acesso às madeiras de lei. Outro sério problema enfrentado é o relacionamento conflitante com os Pataxó. Confinados em uma pequena área à beira-mar, muitos foram morar nas cidades e perderam as tradições culturais do seu povo. Uma parte entrou em conflito com os administradores da área. Na tentativa de uma solução, foi criada, em 1991, a Terra Indígena Barra Velha, dentro dos limites do parque nacional. Em 2000, os indígenas invadiram o parque reivindicando a devolução das terras para seu povo.

Com 13,8 mil hectares, a Terra Indígena Barra Velha ocupa quase a metade do território do Parque Nacional do Monte Pascoal. No entorno dele, há dez aldeias, onde vivem cerca de seiscentas famílias pataxós, totalizando uma comunidade de 5 mil indígenas. Se o projeto de ampliação defendido por eles for aprovado, o território reservado aos Pataxó passará a englobar todo o Parque Nacional do Monte Pascoal.

Já o Parque Nacional da Chapada Diamantina tem toda a sua história, resumida em crises, apogeus e em acontecimentos marcantes, relacionada com a atividade dos garimpos artesanais e mecanizados.

Essa atividade ocasionou significativas alterações nos processos do meio ambiente, influenciando a dinâmica natural da região e causando considerável impacto sobre o ambiente antrópico, prejudicando a identidade cultural da chapada. Em 2008, um incêndio destruiu cerca de 33% da área e só foi controlado depois de quarenta dias.

A situação do Parque Estadual de Desengano, no Rio de Janeiro, não é muito diferente. Abrigando animais raros, como a preguiça-de-coleira e a araponga, ele está sob constante ameaça de queimadas e derrubadas, já que seus limites ainda permanecem indefinidos e pouco fiscalizados. Cerca de 80% da área pertence a particulares nunca indenizados, uma vez que sua regularização apresenta um histórico de problemas, como falta de estrutura organizacional da administração, falta de recursos financeiros e descontinuidade de ações administrativas.

Também no Rio de Janeiro localiza-se o Parque Nacional da Serra da Bocaina, cujas matas têm cada vez mais cedido espaço à formação de pastagens e ao plantio de banana e mandioca. Outrora restritos a locais de difícil acesso, os desmatamentos agora já atingem a margem da rodovia Rio-Santos, bem aos olhos dos órgãos de fiscalização.

ALTERNATIVAS: RECUPERAÇÃO E PRESERVAÇÃO

Como pudemos constatar, o quadro geral das Unidades de Conservação (UCs) que abrigam a mata atlântica é desanimador. Uma minoria dos parques se encontra totalmente demarcada e com a situação fundiária definida. O ato de sua criação é simples e imediato: basta utilizar uma caneta para assinar um decreto. Contudo, o mais difícil, que é a manutenção e a preservação da área protegida, fica para depois, e quase nunca é realizado. As desapropriações, quando se fazem necessárias, deveriam ser efetivadas de imediato, com a adequada indenização aos proprietários.

Para tornar possível a real implantação das reservas já existentes e a criação de outras novas, é necessário constituir uma política florestal eficiente, com a contratação de um número muito maior de guardas com treinamento especializado (como força de elite) e a aquisição de equipamentos e veículos para a realização de uma fiscalização eficaz. Esses novos guardas seriam orientados a coibir qualquer ação de madeireiros e caçadores nos limites dos

Fotografia digital do monte Pascoal, no sul da Bahia, onde foi criada uma Unidade de Conservação em 1961.

parques, recebendo também treinamento para manejo de fauna e combate de incêndios florestais. Toda e qualquer atividade imobiliária em regiões de interesse para a preservação deve ser proibida, e os responsáveis por desmatamentos clandestinos devem ser severamente punidos.

A elaboração e a permanente revisão dos planos de manejo para cada UC, previstas por lei, poderão garantir a integridade do ecossistema e até a recuperação natural de regiões devastadas. As pesquisas científicas precisam ser estimuladas e direcionadas para elucidar os intrincados mecanismos ecológicos existentes na mata, o que possibilitará o planejamento de projetos de preservação e recuperação de áreas naturais. O mesmo estímulo deve ser dado a atividades de reflorestamento, visando ampliar os domínios da floresta.

Diante do atual quadro de devastação, não se pode admitir nenhuma área na mata atlântica que não seja inteiramente preservada. Para tanto, é preciso considerar toda a floresta remanescente como área protegida, nas diferentes categorias existentes no Brasil, impossibilitando-se qualquer atividade que não seja voltada para sua conservação. No caso desse ecossistema único, a filosofia ideal é a de uma frase escrita em uma placa escondida no meio do mato da rodovia PR-495, bem na entrada do Parque Nacional do Iguaçu: "Onde começa um parque nacional termina o argumento do progresso".

PARTE 3

Formações arbustivas: cerrado e caatinga

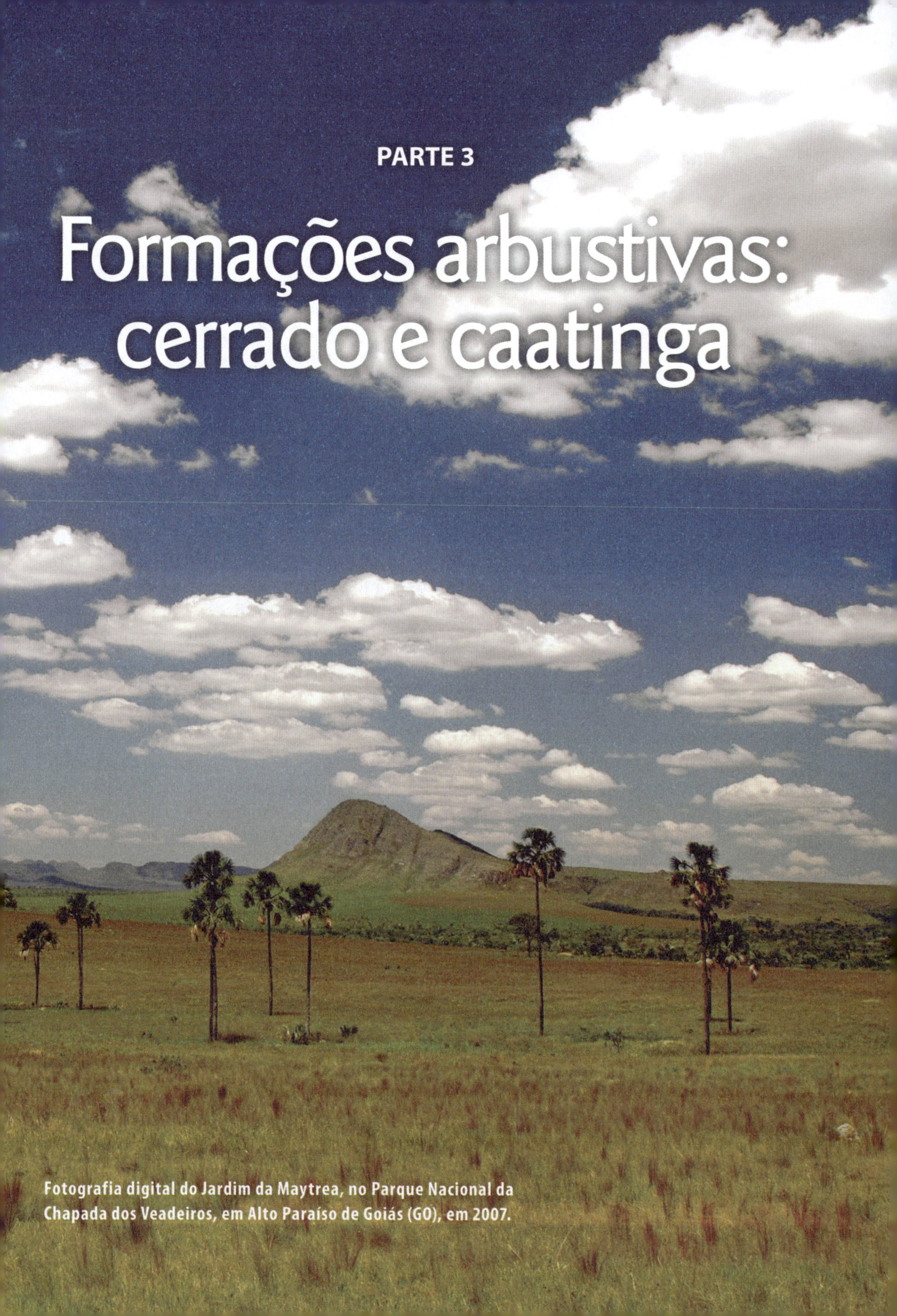

Fotografia digital do Jardim da Maytrea, no Parque Nacional da Chapada dos Veadeiros, em Alto Paraíso de Goiás (GO), em 2007.

Capítulo 4

As paisagens "marginalizadas" do Brasil

Além das grandes florestas tropicais, ocorre no Brasil outra forma de vegetação, cuja principal característica é a presença de árvores mais baixas e mais espaçadas, com o predomínio dos arbustos nas paisagens. As formações arbustivas mais importantes do Brasil são o cerrado e a caatinga.

Por sua aparência menos imponente que a das florestas e por diversas razões econômicas e históricas, essas formações nunca receberam a atenção merecida. A destruição de sua vegetação sempre foi considerada correta e até merecedora de elogio. O cerrado, atualmente, está bastante reduzido, pois cedeu espaço à agricultura, à pecuária e a outras formas de ocupação, enquanto a caatinga enfrenta uma situação parecida, agravada pelas constantes secas que atingem o Nordeste brasileiro.

Sabe-se hoje que esses dois ecossistemas abrigam flora e fauna riquíssimas e seu desaparecimento seria uma tragédia tão grande quanto o da floresta amazônica ou o da mata atlântica.

Embora apresentem algumas características em comum, o cerrado e a caatinga se formaram e se mantêm em condições ambientais completamente diferentes. Ambos possuem um aspecto seco: a caatinga, devido à carência de água, e o cerrado, pela falta de nutrientes no solo. Além dessas, existem muitas outras diferenças que permitem definir o cerrado e a caatinga como ecossistemas distintos – e igualmente importantes.

O CERRADO

Cerrado é o nome genérico dado a um conjunto de formações vegetais, ora dominadas por plantas herbáceas, ora por arbustos e pequenas árvores. Em sua área original, esse tipo de vegetação ocupava 25% do território brasileiro. Hoje, está reduzido a pequenas manchas espalhadas por diversas regiões. A principal região coberta por cerrado localiza-se nos Estados do Mato Grosso, Mato Grosso do Sul, Goiás e Minas Gerais, ocorrendo manchas menores no Amazonas, em São Paulo e em alguns Estados nordestinos.

Conforme varia sua fisionomia, esse ecossistema recebe denominações diferentes. Os campos limpos são dominados por plantas herbáceas, principalmente gramíneas, e o cerradão

Áreas de cerrado e caatinga

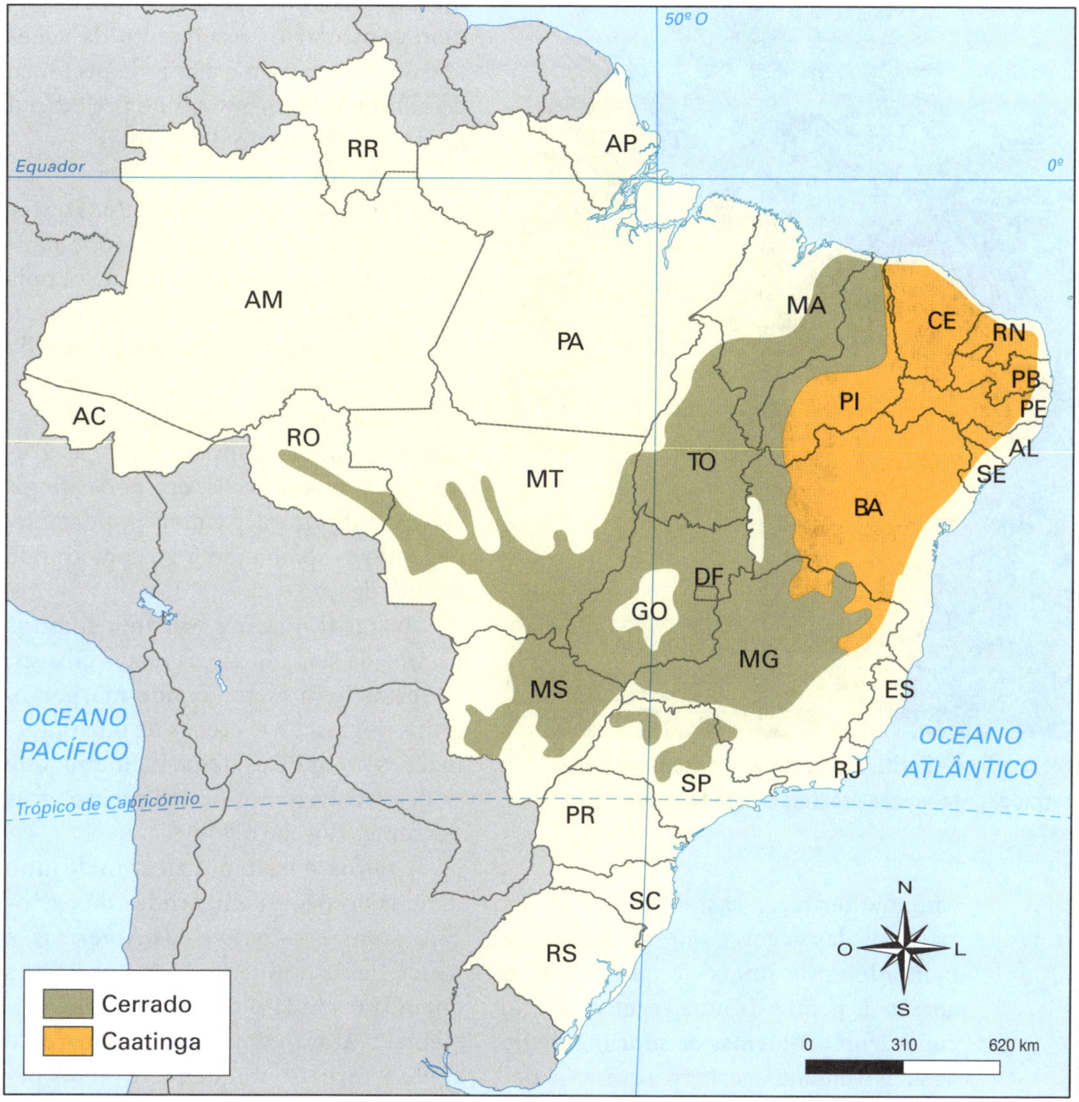

Fonte: Adaptado de THÉRY, Hervé; MELLO, Neli Aparecida de. *Atlas do Brasil*: disparidades e dinâmicas do território. 2. ed. São Paulo: Edusp, 2008. p. 61.

assemelha-se a uma floresta, porém mais seca. As formas intermediárias são chamadas de campo sujo, campo cerrado e cerrado, em uma sequência crescente de biomassa. Podemos classificá-los como um único ambiente, de nome genérico cerrado, porque as espécies vegetais e animais existentes nessas diversas formações são as mesmas, variando apenas a proporção em que elas aparecem.

O cerrado é uma vegetação composta de arbustos e pequenas árvores retorcidas de folhas grossas, emergindo de uma

Fotografia de buriti, uma palmeira encontrada no cerrado, geralmente próximo a uma fonte de água.

camada herbácea rasteira. Os troncos espessos das árvores são normalmente marcados por sinais de queimada. A aparência geral é de uma vegetação seca, com sérios problemas de suprimento de água. No entanto, certas pesquisas já demonstraram que isso não é verdade, pois as chuvas são frequentes e as plantas desenvolveram estruturas anatômicas para obter água de lençóis freáticos, às vezes a 25 m de profundidade.

Os solos são tanto mais ricos em nutrientes quanto maior a biomassa existente sobre eles. Assim, os solos mais pobres correspondem aos encontrados nos campos limpos e os mais ricos, no cerradão. Essa relação, porém, não é direta, pois outros fatores também podem controlar o crescimento da vegetação, como o fogo e a grande presença do alumínio, elemento muito prejudicial ao desenvolvimento das plantas.

As espécies vegetais do cerrado são características desse ambiente. Destacam-se entre elas o barbatimão, o pau-santo, o pequizeiro, o araçá, a sucupira, o murici, a gabiroba, o pau-terra, a catuaba e o indaiá – palmeira de caule subterrâneo que, em certas regiões, domina a paisagem formando os chamados campos de indaiá. Entre as gramíneas, o capim-flecha, que pode atingir até 2,5 m de altura, é a mais importante, pegando e espalhando fogo com grande facilidade.

Outras formações bastante comuns na área de cerrado são as matas ciliares, florestas bem estreitas que margeiam todos os rios, e as veredas de buriti, formações compostas dessa palmeira, que se desenvolvem nos brejos próximos às nascentes dos córregos.

A fauna é bastante rica, incluindo diversas espécies ameaçadas de extinção. A ema, maior ave das Américas, é típica desse ambiente, onde podemos encontrar ainda o gavião carcará, a siriema, a arara-canindé, o urubu-rei, o socó, a coruja-buraqueira, diversos periquitos, o quero-quero, o pinhé, o tucano e inúmeros outros pássaros. Entre os mamíferos os mais importantes são o lobo-guará, a onça-pintada, a anta, o tamanduá, o tatu, a raposa, o queixada, o veado-campeiro, o veado-catingueiro e diversos macacos. Saúvas e cupins, insetos encontrados em abundância, às vezes dominam toda a paisagem, com seus ninhos elevando-se do solo e servindo de abrigo para larvas de vaga-lumes. Em determinadas épocas do ano, essas larvas iluminam os campos à noite, proporcionando o mais belo espetáculo de bioluminescência conhecido.

Um dos fatores ecológicos mais importantes do cerrado é o fogo. Ele pode ser gerado de diversas formas naturais, mas a principal delas são as descargas elétricas. Quase todas as plantas possuem adaptações para se defender do fogo, como cascas espessas ao redor do caule, por exemplo. Algumas espécies florescem exclusivamente após uma queimada, sendo esse fenômeno fundamental para sua reprodução. As folhas novas que nascem após o fogo constituem o alimento predileto dos herbívoros, que abandonam as regiões de vegetação seca para pastar na área queimada.

Alguns pesquisadores acreditam que o povo controla o desenvolvimento do cerrado, impedindo que ele se torne mais denso. Outra hipótese, de maior aceitação, considera uma vegetação clímax, que não se torna uma floresta devido às condições de clima e solo existentes, tendo o fogo um papel secundário. De acordo com essa segunda hipótese, a falta de nutrientes essenciais e a grande presença de alumínio são as responsáveis pela fisionomia característica do cerrado.

Fotografia de área do cerrado na estação seca.

Fotografia de área do cerrado na estação chuvosa.

COMO O CERRADO TEM SIDO UTILIZADO

Devido a sua aparência agressiva, durante muito tempo o cerrado foi considerado uma área perdida para a economia do país. Em uma época em que a maior parte da produção agrícola vinha da região Sul, não se pensava na possibilidade de utilizá-lo para qualquer cultura. Durante a construção de Brasília, não houve preocupação com a preservação do cerrado: afinal, ali estava a "vegetação lixo do Brasil", que precisava ser eliminada para ceder espaço à urbanização.

Com o crescimento populacional e a necessidade de ampliação da produção de alimentos, iniciou-se, a partir de 1975, a ocupação do cerrado, que passou a ter seus solos enriquecidos por processos de calagem e adubação. As condições físicas desses solos são ideais para a agricultura, contanto que se façam pequenas correções em sua constituição química. Atualmente, desenvolvem-se no cerrado diversas culturas, como o arroz, o feijão, o trigo e a soja. A região recebeu também a pecuária, que, junto com a soja, constitui hoje o a atividade mais importante do cerrado.

A agricultura mecanizada pesada tem destruído a estrutura natural do solo, pois a circulação das máquinas agrícolas compacta-o e cria uma camada impermeabilizante. Em consequência disso a infiltração de água diminui, prejudicando os vegetais. Práticas agrícolas incorretas, como a inadequada utilização do arado ou a ausência das curvas de nível, provocam ainda a erosão, que empobrece rapidamente o solo. O desmatamento indiscriminado permite que a ação dos ventos seja mais intensa, o que acaba acarretando a redução da quantidade de material orgânico, carregado para outras regiões. A degradação se completa com o uso de agrotóxicos, que contaminam as águas e prejudicam o crescimento das plantas.

Ninguém é contra a utilização do cerrado para fins agrícolas, mas não se pode pensar unicamente em produtividade, deixando de lado as preocupações com a preservação ambiental. Embora a maioria dos solos do cerrado seja apropriada à agricultura, existem regiões onde sua correção, para o desenvolvimento de culturas comerciais, exige pesados investimentos. O mais adequado seria estimular a manutenção da vegetação dessas regiões, destinando-as à pratica da pecuária e ao aproveitamento dos recursos naturais do próprio cerrado. As propriedades com solos pouco apropriados à agricultura poderiam preservar áreas intactas, onde a fauna encontraria refúgio para sobreviver. Dessas áreas seria possível retirar, periodicamente, madeiras para a produção de mourões de cerca, pois existem espécies no cerrado que são ideais para esse fim, como a sucupira.

COMO PRESERVAR O CERRADO?

Apesar de importante, a preservação de áreas intactas dentro de propriedades agrícolas não é suficiente para garantir a sobrevivência do cerrado. É necessária a criação de grandes reservas, uma vez que apenas 7% da área total de cerrado encontra-se protegida por Unidades de Conservação. Entre elas podemos mencionar o Parque Nacional das Emas (132 mil hectares), o Parque Nacional Grande Sertão Veredas (84 mil hectares), o Parque Nacional da Chapada dos Guimarães (33 mil hectares), o Parque Nacional da Serra da Canastra (71,5 mil hectares), o Parque Nacional da Chapada dos Veadeiros (60 mil hectares) e o Parque Nacional de Brasília (28 mil hectares).

O Parque Nacional das Emas, com mais de 131 mil hectares, é a principal área preservada de cerrado brasileiro e a reserva nacional onde mais facilmente se avista fauna de grande porte. Apesar de sua importância, ele enfrenta uma série de problemas, entre os quais a contaminação de seus rios pelos agrotóxicos lançados pelas fazendas de soja vizinhas, o atropelamento de animais nas estradas que o circundam e os incêndios criminosos que frequentemente destroem sua vegetação. A falta de verbas não permite que seja implantado o plano de manejo, elaborado por técnicos especializados. Esse plano prevê a construção de aceiros (faixas sem vegetação que impedem o avanço do fogo), a aquisição de carros-pipa e a contratação de guardas-florestais.

Em agosto de 2010, irrompeu um incêndio que destruiu mais de 90% do Parque Nacional das Emas. E esse foi apenas mais um dos vários que já ocorreram. Em 1988, em um incêndio de grandes proporções, 80% de sua área foi queimada. Em 1994, outro incêndio contabilizou mais de trezentos tamanduás-bandeiras carbonizados, muitos deles com filhotes. Eles são os animais que mais sofrem com o fogo, por causa de sua lentidão e dos pelos muito longos, que queimam com facilidade. Ainda não se sabe qual é a verdadeira origem dos incêndios, mas acredita-se que tenham sido provocados por fazendeiros vizinhos ao parque – por descuido ou interesse nas terras protegidas.

Embora importante para o ecossistema do cerrado, o fogo, quando atinge grandes proporções, acaba se transformando em uma tragédia. Os animais, por não terem para onde fugir, acabam morrendo queimados ou intoxicados pela fumaça. Apenas poucos brigadistas – auxiliados por visitantes e voluntários – combatem o fogo ano após ano, mas sem equipamento adequado pouco se pode fazer para debelá-lo. Seria preciso destinar mais recursos para a manutenção dos parques nacionais que abrigam o pouco que resta preservado de nosso cerrado.

Apesar de sua aparência hostil, esse ecossistema é tão importante quanto qualquer outro existente no Brasil. Infelizmente, devido a pressões de diversos setores da economia nacional, sobretudo dos grandes latifundiários, o cerrado não foi incluído como patrimônio nacional na nova Constituição. A exploração para a agricultura só deveria ocorrer se, em contrapartida, fosse garantida a preservação de parte da sua área, para permitir a sobrevivência de uma fauna e flora únicas em nosso planeta.

Fotografia de tamanduá-bandeira, espécie do cerrado que é um dos maiores animais terrestres da América do Sul.

Fotografia do gato-do-mato-pequeno, a menor espécie de felino do cerrado.

Capítulo 5

A caatinga

A palavra caatinga, de origem tupi, significa "mata branca". Muito provavelmente, os indígenas batizaram-na com esse nome por ela se apresentar sem folhas e com aspecto seco durante a maior parte do ano. A área que ocupa representa 11% do território brasileiro, concentrada sobretudo nos Estados do Maranhão, Piauí, Ceará, Rio Grande do Norte, Paraíba, Pernambuco, Alagoas, Bahia e Minas Gerais.

A fisionomia desse tipo de formação vegetal é bastante característica, com o predomínio de arbustos e árvores baixas, além da presença de grande número de cactáceas, que lhe conferem uma aparência espinhosa e seca. Seu aspecto se altera bastante quando ocorrem as chuvas: as plantas tornam-se, então, verdes e cheias de folhas.

Sem dúvida nenhuma, o fator que limita o desenvolvimento da vegetação é a ausência de água. As chuvas na caatinga são muito raras e irregulares – em um ano pode chover 1 000 mm e em outro, apenas 200 mm. O índice pluviométrico médio é de 600 mm anuais, número extremamente baixo. Não são raros os anos inteiros sem chuvas e as secas calamitosas, que se tornaram uma das características da região. A temperatura média é de 25 °C e, devido à grande quantidade de ventos, a umidade relativa do ar é bastante baixa.

Os rios que atravessam a caatinga são quase todos temporários, permanecendo secos a maior parte do ano. Entre os poucos permanentes destaca-se o São Francisco, o mais importante deles, cuja erosão e degradação tem se acentuado ano após ano, em um ritmo não acompanhado pelas ações preventivas, lideradas pelo Programa de Revitalização do Rio São Francisco (PRSF). Em 2012, o Tribunal de Contas da União (TCU) analisou o desenvolvimento do programa e concluiu que suas ações estão dispersas e os recursos disponíveis são insuficientes. A erosão é um dos principais fatores que diminuem a vazão do rio. Segundo o Centro Nacional de Pesquisa Atmosférica (NCAR), localizado nos Estados Unidos, a vazão do rio teve uma queda de 35% entre os anos de 1948 e 2004.

A vegetação apresenta uma série de adaptações para se proteger da falta de água. A perda das folhas é uma estratégia utilizada por quase todas as plantas e visa eliminar a superfície de evaporação. Algumas possuem folhas muito finas: o extremo desse tipo de adaptação são os espinhos do cacto. Sistemas de armazenamento de água, como o desenvolvido pelas "barrigudas", com seus caules suculentos, também são bastante comuns. As raízes, bem desenvolvidas, ramificam-se na superfície do solo e procuram captar o máximo de água que conseguem durante as chuvas.

Entre as espécies vegetais mais abundantes destacam-se a mimosa, a amburana, a catingueira, a palmatória, a aroeira, o umbu, a baraúna, a maniçoba, a macambira, o xiquexique, o mandacaru, a coroa-de-frade, a quixabeira e o juazeiro, uma das poucas que não perdem as folhas durante a seca.

A fauna da caatinga inclui animais como o sapo-cururu, o calango, o papa-vento, a cascavel, a jiboia, a salamanta, a cobra-cipó, o carcará, a pomba avoante e a pomba-asa-branca, o saruê, a lavadeira, a gralha-can-can, o sofrê, a cutia, o gambá, a preá, o mocó, o veado-catingueiro, o tatupeba, o sagui-do-nordeste e a ariranha-azul ou arara-de-lear, uma das aves mais ameaçadas de extinção no mundo, pois possui uma população conhecida de menos de cem indivíduos.

A CAATINGA OU UM DESERTO?

Apesar de ser raso e de conter grande quantidade de pedras, o solo da caatinga é razoavelmente fértil. Graças a isso, boa parte de sua área tem sido utilizada pela pecuária e pela agricultura de subsistência, com cultivos como os de milho, feijão, mandioca e algodão. Como as chuvas são inconstantes, é muito comum a perda total das áreas plantadas, o que causa grandes prejuízos aos pequenos agricultores, e muitas vezes os obriga a abandonar suas terras.

Os rebanhos se alimentam em extensos pastos cercados, mas, na época das secas, muitas cabeças morrem por falta de água. Nos pastos quase não existem gramíneas, e o gado obtém alimento apenas nas árvores e trepadeiras. Para resolver esse problema, muitos fazendeiros cultivam uma variedade sem espinhos da palmatória, planta resistente a climas secos.

Como nessa região as condições naturais oferecem recursos muito limitados, seria de se esperar uma ocupação humana esparsa e pouca modificação do quadro natural. Na verdade, isso não ocorre, pois o homem nordestino trabalha com labor as terras semiáridas da caatinga. Contudo, as técnicas empregadas não são adequadas para garantir a produção.

Uma condição indispensável para o desenvolvimento de qualquer cultura na região é a construção de açudes e a irrigação dos solos. Sem essa providência, fica-se à mercê das chuvas, que insistentemente deixam de cair. Com um bom sistema de irrigação, é possível cultivar diversas hortaliças, café e até uvas, como vêm fazendo alguns agricultores em pleno sertão baiano. Nesse sentido, no início dos anos 2000, o governo federal propôs um polêmico e antigo projeto de transposição de parte das águas do rio São Francisco, no Brasil, sob responsabilidade do Ministério da Integração Nacional. Orçado atualmente em 8,2 bilhões de reais, consiste na construção de dois canais que totalizam 700 km de extensão para irrigar a região Nordeste e semiárida do Brasil. Trata-se, no entanto, de uma obra cara e que abrange

O xiquexique, planta sem folhagens e cheia de espinhos que a protegem da perda de água. Fotografia digital captada em 2010, na zona rural de Juazeiro (BA).

somente 5% do território e 0,3% da população do semiárido.

Apesar dos empreendimentos agrícolas de sucesso, é preciso muito cuidado na escolha das regiões para ocupação. Pela fragilidade de seu ecossistema, pode-se acelerar um processo de degradação que levará à desertificação da caatinga. As adaptações dos vegetais e dos animais ao baixo teor de umidade levaram milhões de anos para se desenvolver, e qualquer interferência humana pode ser desastrosa, pois o equilíbrio ecológico resultante desse processo é extremamente delicado.

Um dos fatores que têm impedido a transformação da região em um imenso deserto é a presença da vegetação, que garante um ambiente suportável para diversas espécies de animais. Com o

© PALÊ ZUPPANI/PULSAR IMAGENS

desmatamento, o sistema entraria em colapso e a desertificação seria inevitável. Segundo dados apontados pelo Projeto PNUD/BRA/93/036, o Nordeste do país apresentava em 2005 cerca de 180 mil km^2 de áreas com processos de degradação considerados como muito graves e graves, dos quais 18 740 km^2 apresentavam sinais intensos muito preocupantes – os chamados núcleos de desertificação, localizados em Gilbués (PI), Irauçuba (CE), Cabroró (PE) e na região do Seridó (RN). Nessa região, considera-se o processo irreversível. A desertificação é um processo preocupante e que tem ocorrido no mundo todo. A ONU decretou o decênio de 2010 a 2020 como o da luta contra a desertificação, marco que visa aumentar a atenção e a conscientização para proteger e gerir áreas desérticas do planeta.

Até 2010 havia 46 UCs inseridas no bioma caatinga e regiões de ecótonos, totalizando uma área de 42 558,36 km^2. São 23 de proteção integral e 22 de uso sustentável, correspondendo a 24,6% e 75,4% do total protegido, respectivamente. O Parque Nacional da Serra das Confusões, situado ao sul do Estado do Piauí, é a maior UC da caatinga, após incorporar a serra Vermelha, correspondente a 336 mil hectares, passando, assim, a atingir uma área de 838 mil hectares. O Parque Nacional Serra da Capivara, também localizado no Estado do Piauí, ocupa 129 140 hectares dos municípios de São Raimundo Nonato, São João do Piauí, Coronel José Dias e Canto do Buriti. A UC Raso da Catarina (BA), com seus 105 282 hectares, compreendendo parte dos municípios de Paulo Afonso e Jeremoabo, vem sendo vítima de inúmeros caçadores que estão dizimando sua fauna.

A paisagem atual do Nordeste apresenta um quadro de degradação bastante acentuado, sendo raras as áreas intactas. Se medidas urgentes não forem tomadas, como a preservação da vegetação natural ou a implantação de uma agricultura bem planejada, será inevitável a perda total dessa região, que se tornará imprestável para qualquer uso futuro. Será o primeiro deserto existente no Brasil e talvez mais pobre em vida do que o próprio Saara.

PARTE 4

O pantanal mato-grossense e outros ecossistemas brasileiros

Lagoa com bando de tuiuiú-cabeça-seca e garça-branca do pantanal. Fotografia digital captada em 2010, no município de Cáceres (MT).

Capítulo 6

O paraíso das águas

Aclamado como um dos maiores paraísos ecológicos do Brasil por todos que o conhecem, apenas recentemente o pantanal vem despertando efetivamente a consciência do país. Sua importância como ecossistema não reside apenas no fato de abrigar incrível quantidade de animais, sobretudo aves, ou de possuir paisagens de extrema beleza, mas também na grande potencialidade de suas terras, que, apesar de pobres, recebem grande quantidade de matérias orgânicas dos inúmeros rios que o atravessam.

O pantanal mato-grossense situa-se em uma área de aproximadamente 220 mil km^2, que se distribuem pelos Estados de Mato Grosso e Mato Grosso do Sul, formando a maior planície inundável do mundo. A altitude média é pouco superior a 100 m. Como toda a região está cercada por terras mais elevadas, uma incrível quantidade de rios é atraída para ela, atravessando-a e terminando por desaguar no rio Paraguai. Os mais importantes desses rios são o Miranda, o Negro, o Taquari, o São Lourenço, o Piquiri, o Correntes e o Cuiabá. Devido à pouca declividade do terreno, a velocidade das águas é muito pequena, e o Paraguai não consegue escoá-las por completo. Forma-se, então, um ambiente alagado, bastante rico em nutrientes, graças ao depósito de sedimentos trazidos pelos rios.

A riqueza da vida no pantanal é consequência natural da junção de muitos ambientes diferentes, todos com características biológicas próprias – das terras mais altas, sempre secas, onde se pratica a pecuária em grande escala, aos terrenos permanentemente alagados, passando por áreas intermediárias, onde as águas sobem apenas no período das chuvas.

O EQUILÍBRIO ENTRE AS ÁGUAS, A FLORA E A FAUNA

O pantanal não possui flora endêmica: sua vegetação reúne diversos elementos típicos de outras regiões do país. Áreas de cerrado não são incomuns e, nas partes mais secas, a paisagem pode se assemelhar bastante à das caatingas nordestinas. Em ambos os casos, as espécies vegetais encontradas são as mesmas das outras partes do Brasil, onde essas formações também ocorrem.

Como na época das chuvas as águas chegam a cobrir mais de 60% do pantanal, há grande variedade de plantas aquáticas, entre as quais os aguapés. Em sua maioria, elas são herbáceas e podem

Mapa do pantanal mato-grossense

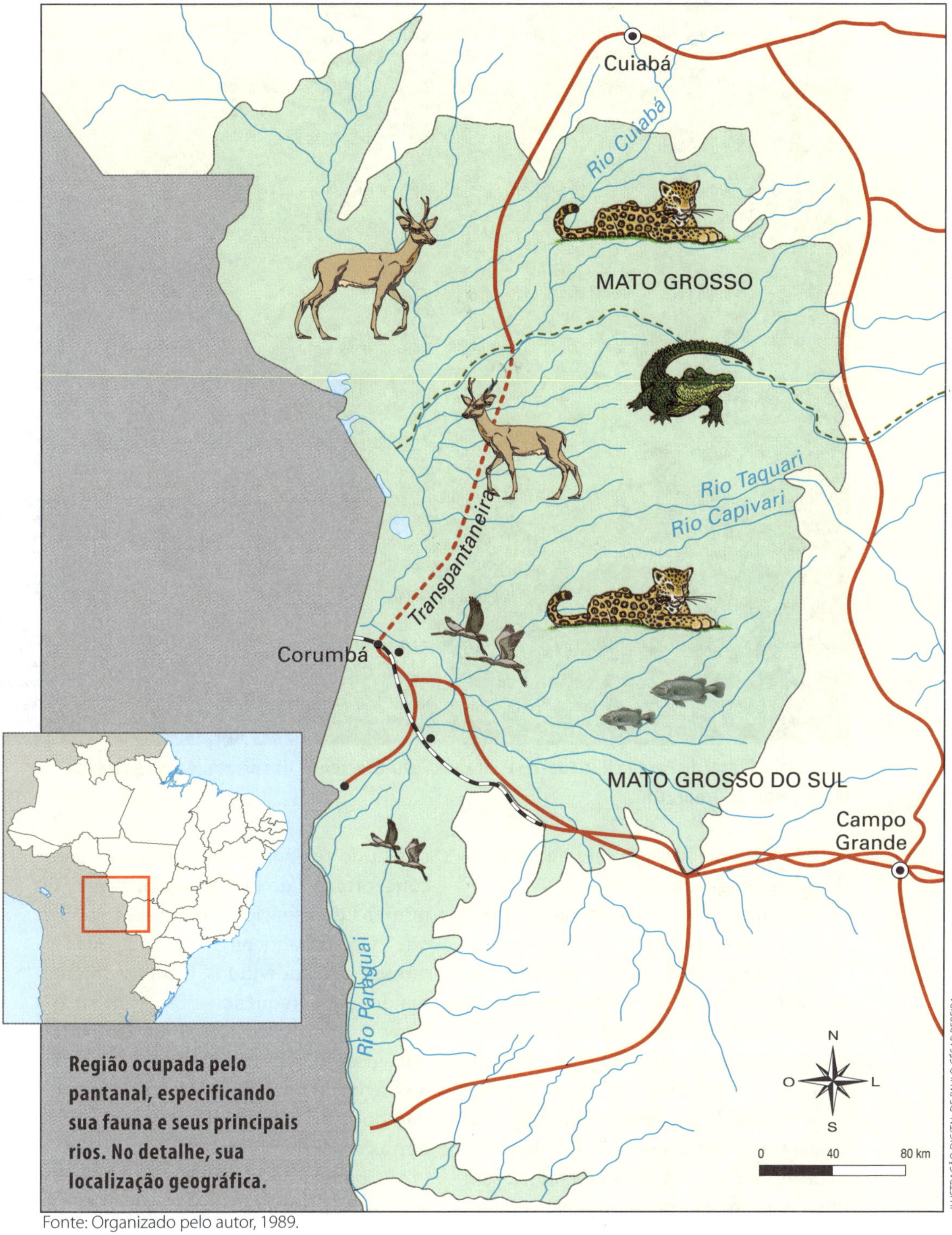

Região ocupada pelo pantanal, especificando sua fauna e seus principais rios. No detalhe, sua localização geográfica.

Fonte: Organizado pelo autor, 1989.

Fotografia digital do Parque Nacional do Pantanal Mato-Grossense, nas proximidades da cidade de Corumbá (MS), em 2010.

ser encontradas fixas ao solo ou flutuando sobre as águas.

Ao longo dos cursos de água e nas partes mais elevadas, estão as matas ciliares, importantes para o ecossistema por serem abrigo de inúmeras aves e também por impedirem o assoreamento dos rios, uma vez que "seguram" as terras de suas margens.

Milhares de espécies de animais convivem no pantanal graças à grande fartura de alimentos. A riqueza da fauna, sem dúvida, é a mais impressionante característica da região, que apresenta a maior concentração de aves do continente. O número de espécies é três vezes menor que o registrado na Amazônia, mas o número de indivíduos é incrivelmente maior. Com frequência observam-se árvores inteiras completamente ocupadas por grande número de garças, patos-selvagens e por tuiuiús ou jaburus, ave-símbolo da região, além de inúmeras outras espécies.

A população de peixes acompanha a vocação do pantanal para a grandiosi-

© ERNESTO REGHRAN/PULSAR IMAGENS

dade: em seus rios, encontra-se um dos maiores estoques de peixes de água doce do mundo. A grande maioria desses peixes é de interesse para a pesca, como o pacu, o pintado, a traíra, a piranha e o curimatã.

Entre os répteis merece destaque especial o jacaré, facilmente encontrado nas margens dos rios. Devido a seu couro valioso, esse animal é hoje vítima de intensa perseguição, o que vem reduzindo drasticamente sua população, como veremos mais adiante.

A importância do pantanal como banco genético de animais é inquestionável. Nele, estão abrigadas diversas espécies de mamíferos, que, por terem tido seus hábitats naturais destruídos em outras partes do Brasil, encontram-se ameaçados de extinção. Entre essas espécies podemos citar a anta (maior mamífero da América do Sul), a onça, o cervo-do-pantanal, a capivara, a ariranha, o queixada, o porco-espinho e o tamanduá-bandeira.

O ciclo anual de subida das águas, fenômeno que se registra na época das chuvas, é vital para os seres vivos. Com a cheia ocorre grande aumento da população dos micro-organismos aquáticos, que formam o chamado plâncton.

Esses micro-organismos são o alimento primordial para os pequenos peixes que, nessa época de fartura, se reproduzem. Esses, por sua vez, alimentam outros maiores, os quais são devorados pelos jacarés e pelas aves pescadoras, em uma equilibrada teia alimentar. Fechando um ciclo harmonioso, os excrementos das aves e dos jacarés fornecem nutrientes essenciais à formação do plâncton.

Os animais predadores dessa teia comem apenas o suficiente para sua sobrevivência e, nesse processo, ajudam a evitar um crescimento desordenado da população de suas presas. Apesar da intensa predação, sempre sobrevive um número significativo de filhotes dos animais predados, o que garante a continuidade da espécie.

Como vimos no capítulo introdutório, essa cadeia alimentar possui um equilíbrio delicado, que, uma vez quebrado, pode resultar em desastres ecológicos, como as superpopulações ou a extinção.

Na época das secas, quando as águas voltam a baixar, a população de peixes decresce, uma vez que se espalha pelos rios que cortam o pantanal em busca de alimentos. Com a escassez de peixes, as aves migratórias partem para outras regiões e os jacarés passam a se alimentar mais moderadamente.

Para os predadores da cadeia alimentar, principalmente os grandes carnívoros, como a onça, sempre existe uma quantidade suficiente de caça, pois com a ampliação das áreas de pasto, os herbívoros são mais abundantes. O aparecimento desse pasto nativo é resultado da fertilização das terras pela camada de húmus depositada pelas enchentes. Essa camada compõe-se de grande quantidade de matéria orgânica que enriquece o solo.

Em seu conjunto, o pantanal é um dos mais complexos ecossistemas brasileiros, imponente por sua beleza e riqueza de vida, porém extremamente frágil, dada a delicadeza das intricadas relações de seus componentes. Apesar disso, nos últimos tempos ele tem sido alvo de uma série de agressões que vêm pondo em risco todo um equilíbrio conseguido depois de milhares de anos de evolução.

A ocupação do pantanal pelo ser humano

O pantanal já foi território de diversas tribos indígenas, principalmente os Bororo e os Guató. Hoje, vive na região uma população que em sua maioria descende desses povos e é formada por um tipo de homem bastante característico: o peão pantaneiro. Trata-se de um mestiço que se acostumou a viver de acordo com as peculiaridades de seu ambiente.

A proximidade com as terras paraguaias justifica a intensa influência cultural do país vizinho sobre o pantaneiro. A música preferida são as polcas e as guarânias, e a bebida mais consumida é o tererê – o mate paraguaio.

A quase totalidade desses homens trabalha nas grandes fazendas em que se pratica a pecuária extensiva. A pecuária foi implantada em meados do século XVIII e, por mais de duzentos anos, se desenvolveu de forma desorganizada. Como não havia cercas divisórias entre as fazendas, o gado era criado solto e os rebanhos de fazendas vizinhas frequentemente se misturavam. Esses rebanhos conviviam pacificamente com os outros animais silvestres do pantanal, sem provocar grandes desequilíbrios no ambiente.

Os proprietários das fazendas são homens de muito poder e entendem seus peões e capatazes como "camaradas", ou seja, trabalhadores de extrema confiança, possuidores de saberes fundamentais sobre as atividades da fazenda e responsáveis pelo bom andamento das tarefas cotidianas. Como muitos desses proprietários, bem como seus filhos que foram em busca do diploma universitário, se mudaram para a cidade, a permanência do peão-camarada passou a ser uma condição indispensável para que a fazenda mantivesse a criação de gado. Os capatazes e peões residem na propriedade durante todo o período no qual prestam seus serviços.

A economia pantaneira e seu crescimento

Na década de 1940, começaram a ocorrer mudanças mais radicais no sistema de produção do pantanal. O cruzamento de animais da raça nelore com o rebanho local permitiu o aparecimento de uma variedade mais produtiva que, no entanto, não perdeu as características adaptativas necessárias para viver nesse ambiente. Uma vez que os fazendeiros passaram a investir mais em suas criações, viram-se compelidos a resguardar seu patrimônio e, com isso, passaram a construir cercas em suas fazendas. A atividade criatória começava a se tornar mais racional, e a produção aumentou consideravelmente.

Como o acesso às fazendas do pantanal é muito dificultado pelas características do ambiente, a necessidade de escoar rapidamente a crescente produção de carne e leite levou o governo federal a iniciar na década de 1960 as obras para a abertura de uma estrada, conhecida como Transpantaneira (MS-184 e MS-228), planejada para unir Cuiabá (MT) a Corumbá (MS). Para evitar as cheias anuais, o leito da estrada foi levantado e construíram-se dezenas de pontes.

Apesar dessa providência, ela se torna intransitável na época das chuvas. Devido aos grandes obstáculos enfrentados em sua construção, a Transpantaneira não chegou a ser concluída e atualmente possui pouco mais de 145 km, com 125 pontes de madeira, sendo a estrada com maior número de pontes do mundo.

Além de ter causado grandes danos ao ambiente, provocando cheias anormais pela barragem de alguns rios, a estrada facilitou o acesso de caçadores e pescadores, que encontram em suas margens farta variedade de presas. Ao abate clandestino soma-se outro problema: o frequente atropelamento de animais silvestres, apanhados e mortos por motoristas desatentos.

Até mesmo a oportunidade que a Transpantaneira oferece de se ter um contato mais próximo com os animais apresenta um lado negativo: muitos turistas, na ânsia de apreciar as grandes revoadas, atiram pedras ou até estouram fogos de artifício sobre as aves pousadas nas árvores. Os bruscos movimentos de fuga provocam a queda dos ovos dos ninhos e facilitam o ataque por gaviões, afetando diretamente o ciclo reprodutivo dessas aves. Os ninhais, como são conhecidas as áreas onde são construídos os ninhos, vêm sendo protegidos por alguns fazendeiros, que tratam de cercá-los para impedir esses ataques irresponsáveis.

A construção do trecho da estrada BR-262, ligando Corumbá a Campo Grande (MS), que barrou alguns rios, além da Transpantaneira, é apontada por alguns fazendeiros como uma das responsáveis pelas cheias anormais que têm ocorrido com frequência desde sua conclusão. A consequência imediata dessas cheias é a morte do gado ou sua transferência para outras regiões.

Ao longo da década de 1990, as expectativas de um mercado consumidor mais exigente, associado à importância do agronegócio no Brasil, obriga a modernização das formas de reprodução, cria, recria e engorda do gado. O governo do Mato Grosso do Sul, por exemplo, aposta na divulgação do chamado "boi verde", um animal resultante do processo de cria nas pastagens pantaneiras, que seria totalmente livre do uso de insumos.

Essa estratégia, apesar de não ter aumentado expressivamente a produção e exportação, fortaleceu e melhorou o sistema de controle da produção de bovinos, bem como acelerou a transformação de muitas propriedades em hotéis-fazendas, com a inserção do turismo entre suas fontes de renda.

Por outro lado, o rápido desenvolvimento da economia pantaneira atraiu a atenção de pecuaristas e agricultores de outras regiões do Brasil. Os fazendeiros tradicionais, acostumados a harmonizar a exploração econômica com a preservação, começaram a vender suas terras, principalmente para sulistas.

Esses, habituados a trabalhar nos férteis pampas gaúchos ou nas terras do Paraná e de São Paulo, começaram a aplicar métodos agrícolas incompatíveis com o ambiente, entre os quais o uso indiscriminado de agrotóxicos, que provoca grandes problemas ecológicos, como o envenenamento de animais e a poluição dos rios. Para livrarem suas plantações do excesso de água, fazem drenagens artificiais e acabam prejudicando os campos de cultivo vizinhos, para onde essa água escoa.

Em 1977, as lavouras e as pastagens cultivadas ocupavam apenas 3,4% da bacia do Alto Taquari. Já em 2000, as áreas ocupadas pela agropecuária correspondiam a 61,9% dessa superfície, ou seja, houve um aumento nas áreas utilizadas pela agropecuária de 1 820% em apenas 26 anos.

A agricultura é uma atividade desaconselhável, para não dizer catastrófica, no pantanal. A fertilidade dos solos, que somente é garantida pelas cheias constantes, logo seria esgotada pela intensidade do uso. Além disso, a necessidade de drenagens exige investimentos grandiosos, nem sempre com a garantia de retorno.

As atividades agrícolas na região precisam ser restritas e servir apenas para o suprimento alimentar da população local. Só assim será possível impedir a introdução de espécies vegetais exóticas e a destruição do ecossistema. Mesmo essa agricultura de pequena escala deve utilizar métodos naturais – por exemplo, empregar o próprio húmus como fertilizante, no lugar de substâncias químicas que poluem as águas e afetam a fauna.

O controle biológico de pragas é a prática mais recomendável, uma vez que o uso de agrotóxicos, além de causar sérios danos ao meio ambiente, afeta a qualidade dos alimentos produzidos.

O plantio incorreto de soja, ao norte do pantanal, faz com que o rio Taquari, um dos principais da região, transporte grande quantidade de terra, provocando seu assoreamento e fazendo com que seu leito se altere, esparramando-se por uma área de 11 mil km² e inundando cerca de trezentas fazendas. Esse é o resultado do desmatamento das terras elevadas que cercam o pantanal, promovido para a ampliação da área cultivada e a formação de novos pastos. É nessas áreas de planalto, para agravar o quadro, que estão previstas a implantação de 62 hidrelétricas. Esse desmatamento também traz como consequência a redução do hábitat natural de uma série de animais que, ao perderem seus abrigos naturais, acabam se tornando presas fáceis dos caçadores ilegais.

Além da terra, as águas do Taquari carregam agrotóxicos e fertilizantes usados nas plantações, provocando o envenenamento de aves e peixes, que, ao serem consumidos, prejudicam o próprio ser humano. O fenômeno da piracema, no período reprodutivo dos peixes, tornou-se raro, e a tendência é seu completo desaparecimento, caso não sejam tomadas medidas drásticas. Para agravar a situação, grande quantidade de mercúrio é despejada no Taquari pelos garimpos de ouro. O garimpo existente em Poconé é o maior responsável por esse despejo (cerca de 800 kg por ano). Embora a rede hídrica da região consiga absorver esse mercúrio, ele é ingerido pelos pequenos peixes e, seguindo a cadeia alimentar, atinge o ser humano, prejudicando sua saúde.

Devido a todas essas agressões, o Taquari é hoje um dos rios mais poluído do pantanal e aquele que merece as maiores atenções por parte dos sanitaristas e autoridades responsáveis pelo meio ambiente.

As agressões mais violentas

Outra ameaça ao pantanal é a exploração de suas riquezas minerais. O governo do Mato Grosso do Sul vem oferecendo uma série de incentivos fiscais às indústrias dispostas a explorar essas riquezas. Além disso, existe um convênio entre os governos brasileiro e boliviano para a instalação de uma usina termelétrica que utiliza gás canalizado para fornecer energia a um complexo siderúrgico em Corumbá. Essa siderúrgica faz a transformação de minérios de ferro e manganês existentes no maciço de Urucum, a 1 100 m acima do nível do mar, formado pelo morro de Urucum, serras de Santa Cruz, São Domingos, Rabicho e Tromba do Macaco. Lá o minério é abundante, e observam-se nas elevações muitas fissuras avermelhadas, resultado da exploração humana.

Grandes projetos econômicos vêm sendo implantados no pantanal, como os da Camargo Correa (Fazenda Arrossensal, no município de Nortelândia), dos grupos Ometo, Votorantim e Bradesco (Fazenda Bodoquena, um consócio para instalação de uma grande usina de açúcar, que não foi adiante, pois a cana não se adaptou bem na região e os grupos continuaram a agropecuária, com 45 mil cabeças de gado) e da Agropecuária Manacá, do grupo Grendene (Fazenda Ressaca, no município de Cáceres), empresas de diversos setores que adquiriram extensas propriedades na região. Em 2011, depois de vinte anos de grilagem (apoderamento indevido da terra), os 13 mil hectares da Fazenda Ressaca voltaram a fazer parte do patrimônio público da União, quando o Instituto Nacional de Colonização e Reforma Agrária (Incra) tomou posse da área, com o respaldo de uma liminar da Justiça Federal.

Tais projetos contribuem para aumentar a oferta de empregos, mas provocam uma drástica mudança nos hábitos do peão pantaneiro que, em contato com a mentalidade empresarial, tende a deixar de lado o respeito pela natureza e partir para atividades mais lucrativas.

Até o ano de 1969, o jacaré-do-pantanal foi caçado livremente no Brasil, no Paraguai e na Bolívia. Segundo os dados do Instituto Brasileiro de Geografia e Estatística (IBGE), entre 1956 e 1969 o Brasil exportou 980 mil toneladas de peles e os lucros correspondentes chegaram a 92 milhões de dólares. A proibição da caça no final dos anos 1960 desestruturou o sistema de obtenção dos dados referentes à sua exploração, que continuou de maneira ilegal, utilizando rotas de tráfico pelo Paraguai, até o início da década de 1990.

Apesar de os dados oficiais falarem em 500 mil, estima-se que 2 milhões de cortes de couro de jacaré saíam anualmente do país para alimentar a indústria da Europa e dos Estados Unidos. Isso significa uma matança de 5 mil animais por dia durante as décadas de 1970 e de 1980.

Os contrabandistas contavam com um esquema muito bem estruturado, com pequenos aviões, muitos barcos e um verdadeiro exército de coureiros, como eram chamados os caçadores de jacarés. Entre 1987 e 1990, pesquisadores da Empresa Brasileira de Pesquisa Agropecuária (Embrapa) recolheram mais de 1,3 mil crânios e 2,9 mil peles de jacaré, em uma área de apenas 270 km² no pantanal da Nhecolândia.

Devido à ineficiência da fiscalização por parte dos órgãos responsáveis, a caça ilegal em grande escala causou grande dano ao pantanal. Muitos dos que tentaram impedir o tráfico ilegal de peles foram mortos por assassinos profissionais, contratados pelos contrabandistas.

A caça ilegal foi contida no início dos anos 1990, graças à estruturação de uma força policial de repressão armada e por mudanças no mercado internacional da moda, que sob a influência do movimento ambientalista incorporou outros valores. Esses dois fatores elevaram os custos da produção e reduziram a valor dos produtos, o que tornou a atividade inviável. Já no início da década de 1990, os levantamentos indicaram populações em vigoroso processo de crescimento.

A caça a animais selvagens no Brasil está proibida desde 1967, quando foi promulgada a Lei nº 5.197, pelo então presidente Castelo Branco, que também tornou ilegal o comércio de produtos advindos da fauna silvestre.

Apesar disso, diversos outros animais, como a ariranha e a onça, ainda vêm sendo abatidos para a comercialização de suas peles valiosas. Outros, cobiçados por sua beleza, são capturados vivos e vendidos como animais de estimação. É o caso da arara-azul, que em 1998 contava com uma população de apenas cerca de 1,5 mil aves no pantanal.

Em 2011, graças às ações do Projeto Arara-Azul, coordenado pela pesquisadora Neiva Guedes, 6 mil animais foram registrados, pelo empenho diário de biólogos e veterinários, o que envolveu o acompanhamento de ninhos espalhados por toda a região pantaneira.

A pesca predatória é mais um dos problemas enfrentados pela fauna pantaneira. Praticada sem que se respeite o período de reprodução das espécies e em geral com imensas redes de malha fina, mata desnecessariamente grande quantidade de filhotes.

Mesmo com o uso de redes de malha mais larga, a pesca em período reprodutivo não é menos nociva, pois termina por abater inúmeras fêmeas fecundadas, impedindo a deposição dos ovos. Como consequência dessa pesca predatória, registra-se um decréscimo acentuado da população de peixes.

Esse tipo de atividade foi favorecido pela instalação de frigoríficos na região e pela facilitação ao acesso aos grandes centros consumidores, como São Paulo. Até o início da década de 1990, quando a atividade foi proibida, os pescadores amadores e profissionais chegavam a retirar dos rios pantaneiros mais de mil toneladas de pescado por ano.

Como podemos constatar, o potencial econômico do pantanal é muito mal utilizado, com a prática frequente de atividades depredatórias, sem nenhum estudo prévio para um aproveitamento racional dos recursos. Contudo, como mostram as alternativas que examinaremos a seguir, é perfeitamente possível conjugar desenvolvimento com preservação. O pantanal precisa ser mais bem compreendido para ser mais bem aproveitado.

ALGUMAS ALTERNATIVAS PARA O PANTANAL

A quantidade de pesquisas realizadas na área do pantanal vem aumentando nos últimos tempos, mas os conhecimentos sobre o funcionamento desse complexo ecossistema ainda são insuficientes. Boa parte dos estudos, desenvolvidos por entidades e pesquisadores diversos, realiza o levantamento das espécies vegetais e animais que lá convivem, passo inicial para a compreensão de suas inter-relações.

Graças a esses levantamentos, hoje sabemos existir no pantanal diversas espécies vegetais de interesse para o ser humano, como o jatobá, o tamboril, o jacarandá, a sucupira e a tabebuia, entre muitas outras. Essas árvores podem ser utilizadas para a fabricação de papel, para a extração de madeira ou mesmo para a produção de óleo vegetal combustível. O extrativismo irracional está fazendo com que o número de espécimes de algumas dessas plantas caia muito, o que pode comprometer o equilíbrio ecológico.

Acabar pura e simplesmente com o extrativismo seria impossível, uma vez que a necessidade de produção de derivados de vegetais aumenta juntamente com seu consumo pela sociedade industrial. No entanto, é possível praticar o que chamamos de manejo natural sustentado. Trata-se de um conjunto de técnicas que visa aumentar a quantidade de indivíduos das espécies de interesse, mantendo intacto seu ambiente natural. Isso permite uma retirada racional de determinada quantidade de espécime sem afetar o ecossistema. O plantio permanente dessas espécies faz existir em uma determinada área preservada plantas de diversas idades: aquelas aptas para o corte e aquelas ainda em estágio de crescimento. Um bom planejamento dessa prática garante uma produção anual considerável e reciclagem permanente, uma vez que não há dano ao ambiente.

Para que se possa realizar um bom manejo, é necessário conhecer em profundidade os diversos aspectos da biologia das espécies cultivadas, garantir as condições ideais para seu crescimento e saber qual é a quantidade mínima de indivíduos necessária para não haver desequilíbrio, além de inúmeras outras informações. Por isso, as pesquisas devem ser constantemente incentivadas por meio do fornecimento de recursos para a criação de centros de desenvolvimento científico e tecnológico e para a formação de especialistas. Os novos estudos poderão também apontar muitas espécies ainda não utilizadas, mas que possuem potencial econômico e são abundantes no pantanal. Isso permitirá uma diversificação na exploração da flora pantaneira, o que facilitaria a preservação, já que o extrativismo deixaria de se concentrar em apenas algumas determinadas espécies. A indústria farmacêutica também pode vir a ser beneficiada com a descoberta de novos princípios ativos e substâncias medicinais existentes nas plantas da região.

Como dissemos anteriormente, a prática da agricultura no pantanal é uma opção desastrosa, devido à pouca fertilidade dos solos e ao regime das cheias. Já a pecuária extensiva, como há muito vem sendo praticada, é uma atividade compatível e que, se bem realizada, não causa grande dano ao ambiente. Os cuidados com a saúde do gado no pantanal têm sido insuficientes,

Projeto Jacaré

Para desenvolver a criação de jacarés, assim como a pecuária orgânica, a Embrapa criou em Corumbá o Centro de Pesquisas Agropecuárias do Pantanal e a Fazenda Nhumirim, no final dos anos 1980. A fêmea do jacaré põe entre trinta e cinquenta ovos, cobrindo-os com areia e folhas secas para a incubação, que dura entre trinta e quarenta dias. O crescimento é lento e os animais demoram quase cinco anos para se tornarem adultos. Há argumentos a favor e contrários à utilização comercial da espécie e, portanto, ainda há que se fazer muitas pesquisas, sob rigorosa experimentação de campo, nos quais os fatores biológicos e socioeconômicos sejam considerados. Os Estados Unidos, por exemplo, impõem sanções à importação de peles brasileiras, sob a argumentação de que o jacaré-do-pantanal estava ameaçado de extinção. Na verdade, trata-se de uma estratégia protecionista, pois eles são os maiores produtores de peles de crocodilos do mundo.

Projeto Capivara

O Projeto Capivara, desenvolvido por professores da Universidade de Brasília (UnB) desde 1984, está fazendo grandes avanços no domínio da criação desse animal, abundante na região pantaneira. A reprodução ocorre uma vez por ano, mas cada ninhada garante de seis a oito filhotes, que em apenas quinze meses atingem a média de 70 kg. Da capivara extrai-se o couro, muie isso traz sérios problemas aos animais silvestres. Doenças transmitidas pelos bovinos, como a febre aftosa e a brucelose, já provocaram uma drástica redução na população de cervos-do-pantanal, por exemplo. Se forem bem manejados, no entanto, os rebanhos podem perfeitamente coabitar com os animais silvestres, e para isso não seriam necessários grandes investimentos.

Uma alternativa interessante para evitar o contrabando ilegal de peles de animais é sua criação em grande escala no cativeiro. Nesse sentido, a Embrapa desenvolveu dois projetos pioneiros: o Projeto Jacaré e o Projeto Capivara.

A criação desses e de outros animais silvestres em seu hábitat natural pode contribuir para a eliminação definitiva da caça predatória, como foi o caso do jacaré-do-pantanal, uma vez que a produção de grande quantidade de peles,

to parecido com o do porco, e a carne, bastante apreciada em algumas partes do Brasil. Suas fezes, ricas em nitrogênio, produzem um ótimo fertilizante.

O projeto recebeu apoio financeiro de um consórcio de entidades nacionais e internacionais e as atividades de campo concentraram-se em contagens mensais da população de capivaras em vida livre (observou-se uma população de 325 indivíduos, organizados em 38 grupos sociais) e em experimentos de criação em condições seminaturais nos 4310 hectares da Fazenda Nhumirim. Em uma segunda etapa, a Embrapa Pantanal iniciou o monitoramento da distribuição e da abundância das capivaras em todo o território do pantanal, por meio do programa de levantamento aéreo de grandes vertebrados.

carne e penas diminuiria o preço final desses produtos. Como a manutenção de suas atividades é bastante dispendiosa, os contrabandistas não conseguiriam vender suas mercadorias a preços competitivos e o mercado internacional passaria a ser abastecido apenas pelo comércio legalizado. Além disso, a criação em cativeiro de animais silvestres permite a absorção da mão de obra local, o que aumenta a oferta de emprego na região.

Para disciplinar a pesca, diversas medidas são necessárias. Inicialmente, é preciso investigar mais detalhadamente os aspectos biológicos das espécies de peixes existentes no pantanal, para conhecer seus hábitos alimentares e reprodutivos. Uma vez feito isso, seria iniciado um trabalho de preparação dos pescadores da região, no sentido de orientá-los sobre as técnicas mais adequadas e o período mais favorável para a pesca e de lhes fornecer conhecimentos básicos sobre o funcionamento do ecossistema. Finalmente, seria preciso implantar no pantanal uma infraestrutura mínima para a criação de peixes em cativeiro, o que poderia maximizar a produção.

Para a produção de energia, o metano, gás produzido pela fermentação anaeróbia de qualquer tipo de matéria orgânica, é uma alternativa promissora. Segundo o professor José Elias de Paula, da UnB, algumas plantas herbáceas, aquáticas e terrestres produzem entre 25 e 37 toneladas de fitomassa seca por hectare, que apodrece sem ser aproveitada. Se fosse utilizada para fermentação, cada hectare poderia produzir anualmente 24 642 m^3 de biogás, o suficiente para o consumo de uma família de cinco pessoas por sessenta e oito anos, fazendo três refeições por dia. Além da energia, os biodigestores – produtores de biogás – geram fertilizantes orgânicos a custo zero, reproduzem em 70% o desmatamento para obtenção de lenha para fogões, permitem a implantação de frota de tratores, caminhões e embarcações movidas a metano, alimentam lâmpadas, geladeiras, ferros de engomar e bombas de irrigação, evitam a poluição dos solos e dos rios (por consumir matéria orgânica poluente) e melhoram o padrão de saúde da população.

PRESERVAR E EXPLORAR A BELEZA NATURAL DO PANTANAL

Quando se pensa em exploração do pantanal não se pode deixar de lembrar aquela que é sua mais evidente vocação econômica: o ecoturismo. Em levantamentos feitos no mercado turístico de países europeus, constatou-se uma elevada procura de regiões naturais onde possam ser realizados safáris e caminhadas fotográficas. A delimitação prévia das áreas de interesse turístico é uma condição básica para que não sejam afetados ecossistemas delicados e que não suportariam interferência humana. Todas as instalações necessárias para a prática do turismo devem respeitar o conjunto natural e não interferir na vida silvestre.

Nos últimos tempos, diversas fazendas foram transformadas em hotéis, e alguns barcos, especialmente adaptados para receber turistas, já singram as águas dos principais rios pantaneiros. No entanto, a ausência de regulamentação e ordenação nas atividades turísticas também pode ser considerada uma ameaça ao pantanal. Dessa forma, o ecoturismo deve ser estimulado sob suas premissas de conservação e educação ambiental e os projetos devem ser monitorados permanentemente, de modo que se avaliem seus impactos nos ecossistemas e nas espécies nativas.

Apesar de sua importância como ecossistema e de sua beleza sem similar, o pantanal permaneceu durante muito tempo esquecido pelas autoridades oficiais de nosso país. Apenas em 1981 foi criado o Parque Nacional do Pantanal Mato-Grossense, destinado a preservar a fauna e a flora locais. O parque possui 136 mil hectares, mas precisaria ser ampliado, pois seus limites são insuficientes para a vida de vários animais predadores que necessitam de grandes territórios, como a onça, e para as aves migratórias.

Além disso, a maior parte de sua área encontra-se em terras que ficam totalmente alagadas no período das chuvas, o que obriga os grandes herbívoros, como o cervo-do-pantanal, a buscar novos pastos, abandonando a parte protegida. Como quase todos os parques nacionais brasileiros, o do pantanal não possui infraestrutura mínima para sua manutenção e aguarda verbas para a construção de instalações, compra de equipamentos, contratação e treinamento de mão de obra especializada e diversos outros itens necessários para seu adequado manejo.

A Estação Ecológica de Taimã, criada pela Secretaria Especial do Meio Ambiente (Sema), é outra área preservada no pantanal, mas possui apenas 5 mil hectares. Apesar de contar com uma razoável infraestrutura, essa reserva também demanda maiores investimentos para sua total implantação. Ela tem sido utilizada por diversos cientistas e pesquisadores para o desenvolvimento de seus estudos.

Pela riqueza faunística da rodovia Transpantaneira, foi transformada em estrada-parque uma Unidade de Conservação de uso direto, reconhecida como tal pelo governo do Mato Grosso do Sul em 1993. Ao longo da estrada há seis mirantes com painéis explicativos sobre a fauna da região, diversos hotéis e pousadas, além de sítios, fazendas e restaurantes. São 300 m de cada lado da rodovia protegidos por lei.

No período das chuvas torna-se difícil transitar pela estrada por ser uma via de terra. Alguns trechos ficam bastante enlameados e com risco de atolamento para veículos de passeio. Não se descarta, também, a ideia de transformar os viveiros de aves e os ninhais em refúgios de vida silvestre, um dos tipos de UC do Sistema Nacional de Unidades de Conservação.

O pantanal possui poucas áreas preservadas, mas resta um alento: a Constituição brasileira, promulgada em 1988, considerou-o patrimônio nacional, merecedor de medidas especiais para sua conservação. Mesmo sendo um primeiro passo, pois da aprovação de uma lei até sua efetiva ampliação há um longo caminho, essa foi uma decisão de fundamental importância, comemorada por todos que lutam pela preservação da natureza. Manter o pantanal intacto, com todas as suas intrincadas relações entre fauna, flora e ambiente, deve ser assumido como uma dívida para com as gerações futuras, que possuem o direito de conhecê-lo em sua integridade.

Capítulo 7

Outros ecossistemas brasileiros

Os manguezais, as restingas, a mata de araucária, os campos rupestres, os banhados, a zona dos cocais e os pampas são outros ecossistemas brasileiros que destacaremos neste capítulo final.

OS MANGUEZAIS

Também conhecido como florestas de mangue ou simplesmente mangues, os manguezais espalham-se pela zona tropical de todo o mundo, em uma área aproximada de 20 milhões de hectares. No Brasil, existem cerca de 25 mil km^2 distribuídos por toda a faixa litorânea, do Amapá a Santa Catarina. A característica principal desse tipo de formação é sua localização geográfica. Quase todos os manguezais se formam em regiões onde ocorre o encontro de rios com o mar, na faixa que sofre a influência das marés. Por estarem na foz dos rios, recebem grande quantidade de sedimentos; em consequência disso, seus solos são pouco compactos, o que dificulta a fixação das árvores. Além disso, a baixa velocidade das águas permite o acúmulo de muita matéria orgânica, que enriquece o solo, mas o torna desprovido de oxigênio. Essa matéria orgânica pode vir tanto dos rios como do mar; pequena quantidade é trazida, ainda, pelas chuvas.

Devido à reduzida presença de seres decompositores, a maior parte dos nutrientes é aproveitada, sendo enviada para o mar e outros ecossistemas. Os manguezais são os principais fornecedores de nutrientes para a comunidade marinha costeira, favorecendo uma intensa atividade pesqueira nas áreas tropicais.

A flora é muito característica, não se registrando grande variedade, mas sim muitos indivíduos de poucas espécies. As principais árvores são a *Rizophora mangle*, que possui grandes raízes-escoras para permitir uma melhor fixação, a *Avicennia schaueriana*, com raízes aéreas, chamadas pneumatóforos, que propiciam à planta uma melhor oxigenação, e a *Laguncularia racemosa*. Nos manguezais há também bromélias, orquídeas, liquens e grande quantidade de algas, que são o alimento de vários invertebrados marinhos. Todas essas plantas têm mecanismos fisiológicos especiais para eliminar o excesso de sais que absorvem da água salobra.

Alguns animais, como certos caranguejos e ostras, passam toda a vida nos mangues, mas a maior parte da fauna é composta de animais marinhos que pas-

Fotografia digital de mangue, um importante fornecedor de nutrientes para a comunidade marinha.

sam apenas uma fase de sua vida nesse ambiente. Diversos peixes, aves marinhas e invertebrados deslocam-se para os mangues na época reprodutiva, colocando ovos, que, ao eclodirem, produzem larvas e filhotes que passam aí toda a sua fase juvenil, migrando posteriormente para o mar. Por causa dessa característica, nossos manguezais são comumente chamados de "berçários do Atlântico".

Como a aparência desse ecossistema é bastante hostil ao olhar humano, e os solos não se prestam à agricultura, devido à alta salinidade e à presença de sulfetos, os manguezais costumam ser destruídos mediante drenagens e aterros, para posterior ocupação. As populações litorâneas os exploram economicamente, com a extração de madeira para produção de lenha e carvão, além da pesca e da coleta de crustáceos e moluscos para alimentação.

A localização dos manguezais coincide com a área de maior interesse para a ocupação humana. Assim, nos últimos tempos, tem havido uma quase total erradicação desse ambiente tão importante para a vida. No Brasil, já desapareceram quase por completo os mangues de Santos, Rio de Janeiro, Paranaguá e Baía de Todos-os-Santos e estão muito ameaçados os de São Luís, Recife, Natal, Cananeia e Iguape. Os principais problemas causados pelo ser humano nos mangues são a superexploração de seus recursos naturais, a alteração da rede de drenagem, a poluição causada por derramamento de petróleo e sua conversão em áreas industriais e urbanas.

A alternativa mais viável para a utilização das florestas de mangues é, sem dúvida, transformá-las em reservas biológicas ou convertê-las à silvicultura, desde que não haja o forte crescimento da carcinicultura voltada para a exportação. Essa atividade, que consiste na criação de camarões em gaiolas nos mangues, desenvolveu-se no Brasil no começo dos anos 1980 e teve uma explosão de crescimento no final da década de 1990, com a facilidade do emprego da mão de obra e do retorno de recursos. Ela é prejudicial porque os produtores desmatam o mangue e criam comportas que limitam a vazão de águas e interrompem o equilíbrio do ecossistema local.

A alternativa da criação de reservas já foi implantada em algumas áreas no país. O Parque Nacional de Superagui, com 22 mil hectares, próximo ao município de Paranaguá (PR), possui grande quantidade de manguezais razoavelmente intactos. Esses ecossistemas também podem ser encontrados na Estação Ecológica da Jureia (SP), no Parque Estadual da Ilha do Cardoso (SP), no Parque Nacional do Cabo Orange (AP), no Parque Natural dos Manguezais (PE), no Parque Nacional dos Lençóis Maranheses (MA), entre diversas outras reservas brasileiras.

A preservação desse importante ecossistema trará grandes benefícios ao ser humano, pois garantirá a produtividade das regiões costeiras, permitindo a continuidade das atividades pesqueiras das populações litorâneas. Além disso, a silvicultura e as madeireiras poderão gerar empregos, e a exploração turística estará garantida.

AS RESTINGAS

Como os manguezais, as restingas se estendem por quase toda a costa brasileira, que possui uma extensão total de quase 8 mil km. As principais formações estão na Bahia, Espírito Santo, Rio de Janeiro e São Paulo. A aparência desses ecossistemas é muito variada, pois, na verdade, resulta de uma associação de ambientes diferentes: as restingas podem ser constituídas de matas de até 12 m de altura, campos com predominância de gramíneas ou lagunas com vegetação aquática.

Os solos, extremamente arenosos, não conseguem reter água e nutrientes em grande quantidade. Para sobreviver, as plantas desenvolvem mecanismos de obtenção de água – com sistemas de raízes superficiais bastantes extensos – e de nutrientes, retirados da maresia presente na atmosfera.

A flora das restingas apresenta algumas espécies endêmicas, mas a maioria de suas plantas pode ser encontrada também em outros ecossistemas. São comuns espécies da mata atlântica, da Amazônia e dos campos rupestres. Como o pantanal, as restingas constituem, de fato, agrupamentos de plantas de outros ambientes, que aí ocorrem devido à presença de condições físicas favoráveis. As diferentes espécies vão se sucedendo à medida que se caminha do mar para o interior. Nas dunas da praia a vegetação é formada principalmente por plantas herbáceas com caules longos e flexíveis que se arrastam pela areia. Atrás dela, aparece uma vegetação mais densa, formada por moitas que se transformam em árvores cada vez mais altas, à medida que se afasta do mar. São comuns nessa faixa as bromélias, os cactos e outros arbustos. Em alguns locais, atrás dessa floresta seca, pode surgir uma região mais alagada, os brejos ou as lagunas, onde predominam as plantas aquáticas.

A fauna ainda é pouco estudada, mas diversas espécies de répteis são características, como o lagarto-branco-da-praia. Existem também muitos insetos que se alimentam das folhas das plantas.

Os problemas das restingas são muito parecidos com os dos manguezais. O principal é a especulação imobiliária. Na maior parte dos casos, demata-se para extrair madeira e carvão ou para criar loteamentos, sem a menor preocupação em preservar o ambiente. A construção de rodovias modernas na faixa litorânea acelerou esse processo de ocupação. Já são bastante comuns, também, as plantações de cana e abacaxi em áreas antes cobertas por vegetação natural. Por isso, torna-se indispensável a criação de reservas biológicas para proteger nossas restingas, sobretudo da ação das grandes imobiliárias.

Diversas espécies ornamentais, como figueiras, pitangueiras, cássias, gravatás, maracujás, orquídeas e antúrios, que crescem nas restingas, podem ser retiradas, desde que se mantenha um número razoável de indivíduos, para não afetar o ecossistema. A manutenção de áreas com restingas é fundamental para a fixação das dunas. Sem elas haveria frequentes bloqueios de estradas e invasões de casas pela areia solta carregada pelos ventos. Essa areia poderia ainda assorear rios e lagoas, afetando assim outros ambientes, principalmente os mangues.

Para garantir o convívio pacífico da atividade imobiliária com a preservação, é preciso respeitar a legislação, que obriga todos os projetos que pretendam se instalar no litoral a realizar a manutenção de áreas de restingas, desmatando-se apenas o necessário para as obras. Essa providência tão simples garantirá que os próprios empreendimentos sejam valorizados, já que a preservação da vegetação natural tornará os loteamentos mais bonitos e agradáveis para seus futuros ocupantes.

Fotografia de mata de Araucária, símbolo do Paraná, ecossistema praticamente extinto.

A MATA DE ARAUCÁRIA

A mata de araucária é uma formação de coníferas tipicamente sul-americana. Originalmente, estendia-se do sul de Minas Gerais até a Argentina, limitada pelo oceano Atlântico e pelo rio Paraná. Sua principal área de ocorrência é o Estado do Paraná e parte de Santa Catarina. Recebe esse nome devido ao predomínio de uma espécie de árvore, a *Araucaria angustifolia*, ou pinheiro-do-paraná. À sombra dos pinheiros vivem muitas outras espécies, entre as quais cerca de duzentas de valor comercial, como a imbuia, o cedro, a gameleira, a canela, o angico e a timbuia.

Além das florestas densas que formavam, os pinheiros também eram encontrados ao longo dos rios, sombreando as matas ciliares, e nas formações chamadas de capões – matas circulares surgidas em meio a campos abertos. Esses capões surgem pela ação da gralha-azul, ave típica da região, que tem por hábito acumular sementes – os pinhões – em grotas nos campos. Ao germinarem, as árvores jovens dão início à formação de uma pequena floresta, que se expande para todos os lados, assumindo uma forma circular.

A fauna é composta de roedores que se alimentam do pinhão, além de inúmeras aves e insetos. Com o desaparecimento de seu hábitat natural, todos eles estão ameaçados de extinção.

Estima-se que até 1930 havia no Brasil cerca de 4 milhões de hectares de matas de araucária, hoje reduzidas a pouco mais de 200 mil hectares, ou seja, 5% da área original. Embora sem evidências diretas, alguns estudiosos defendem que, antes do início de sua exploração, a mata se desenvolvia a partir dos capões que avançavam sobre os campos. Hoje, o fenômeno que ocorre é justamente o contrário. Devido às queimadas e sucessivas roçadas, a mata praticamente desapareceu, para dar lugar aos campos sujos, cerrados, estepes e capoeiras.

A araucária, que forneceu madeira para os mais diversos fins, como a construção das casas típicas da região Sul do país, sempre foi explorada e até exportada sem que houvesse nenhuma preocupação com sua reposição. Não houve nenhum reflorestamento significativo, tampouco foram realizados estudos para um possível melhoramento genético, que poderia permitir a criação de variedades mais interessantes do ponto de vista econômico. Pelo fato de seu cultivo apresentar baixa produtividade e longo ciclo de maturação, o pinheiro-do-paraná vem sendo substituído gradativamente por plantações de eucalipto e pinho, cujas árvores fornecem madeira de pior qualidade, mas podem ser derrubadas em bem menos tempo. Essas culturas exóticas não permitem o desenvolvimento das demais espécies vegetais do ecossistema e afugentam toda a fauna, uma vez que não fornecem alimento adequado.

Aquela que já foi a árvore-símbolo de Estado do Paraná está hoje restrita a algumas pequenas reservas, muitas delas pertencentes a particulares, que as utilizam para os mais diversos fins. A mata de araucária é, assim, um ecossistema considerado praticamente extinto. É importante estimular estudos que visem sua regeneração natural, pois acredita-se que a ampliação desse ecossistema permitirá o retorno da fauna e do equilíbrio perdido.

O manejo florestal pode ser uma alternativa decisiva para perpetuar a sobrevivência da araucária, com recuperação da capacidade produtiva e ecológica da floresta. Um projeto desenvolvido pela Associação de Preservação do Meio Ambiente e da Vida (Apremavi), em Santa Catarina, conseguiu enriquecer florestas secundárias, plantando espécies nativas para fins econômicos. Junto com a araucária são plantadas: a erva-mate, para produção de folhas; a bracatinga, para lenha; a espinheira-santa, de uso medicinal; o palmito-juçara, de uso culinário, além de espécies madeireiras, como a canafístula, o cedro, a tucaneira e o angico. No futuro, os pequenos proprietários poderão usar a araucária também para a coleta de pinhão. Segundo os dados do IBGE, em 2007 foram retiradas 4615 toneladas de pinhão na região Sul do Brasil, que renderam preço médio de 1,13 real o quilograma, naquele ano.

OS CAMPOS RUPESTRES

Os campos rupestres, também conhecidos como campos de altitude, são formações que ocorrem exclusivamente no alto de algumas serras brasileiras, em geral acima de 900 m. A maior parte dos campos rupestres está localizada em Minas Gerais (serras do Cipó e do Caraça), na Bahia (serra de Jacobina, na Chapada Diamantina) e em Goiás (Chapada dos Veadeiros e serra dos Pirineus). O solo é pedregoso e as formações rochosas são muito comuns, crescendo a maior parte das plantas nas pequenas frestas erodidas. Como após as chuvas as águas escoam rapidamente por sobre as rochas, não há a formação de lençol freático. O ambiente, portanto, é seco, e as plantas desenvolveram adaptações diversas para resolver o problema da falta de água.

O número de espécies encontradas exclusivamente nesse tipo de ecossistema é muito grande, variando inclusive de uma região para outra. As plantas são quase todas rasteiras, encontrando-se, mais espalhados, alguns arbustos baixos. As árvores, raras, não passam dos 2 m de altura. Diversos tipos de liquens desenvolvem-se sobre as rochas, dando-lhes um colorido

Fotografia digital captada em 2008 do banhado do Taim (RS), importante fornecedor de nitrogênio para a atmosfera.

característico. Existem muitas orquídeas e sempre-vivas, além de inúmeras outras plantas de valor ornamental indescritível, como os pepalantos. Muitas dessas plantas vêm sendo exploradas nos últimos tempos, e sua extração já constitui grande problema ambiental. Algumas espécies são inclusive exportadas para compor jardins em diversas partes do mundo.

A fauna dos campos rupestres é rica em espécies de anfíbios, répteis, aves e pequenos mamíferos, além de uma infinidade de insetos.

A mais importante reserva de campos rupestres do Brasil se encontra no Parque Nacional da Serra do Cipó. Esse parque foi criado em 1984, com 33,8 mil hectares, mas como muitas outras Unidades de Conservação, apresentava problema fundiário ainda em 2011. É importante que toda a sua área seja rapidamente adquirida pelo Estado, uma vez que lá se encontram regiões de grande importância ecológica, com riachos e cachoeiras, já muito depredadas. Diversos pesquisadores utilizam o parque para seus estudos, e foi graças à luta de alguns deles que o governo resolveu preservar a serra. A elaboração de um bom plano de manejo pode permitir que a reserva seja utilizada para fins de educação ambiental, desde que se delimitem corretamente as áreas de uso exclusivo para pesquisas e as áreas de uso público.

OS BANHADOS

Banhados são ambientes alagados, encontrados do extremo norte ao extremo sul da costa gaúcha, muito importante por fornecerem grande quantidade de nitrogênio para a atmosfera. A riqueza de espécies é uma de suas características mais marcantes. Peixes únicos no mundo vivem nos banhados, e seus lagos servem de abrigo temporário para mais de 130 tipos de aves migratórias.

O banhado do Taim é o mais importante do Rio Grande do Sul, estendendo-se desde o sul do município de Rio Grande até o norte da lagoa Mangueira, ladeado pelo oceano Atlântico e pela lagoa Mirim. No total, são mais de 32 mil hectares de uma imensa área alagadiça, com profundidades de até 4 m, onde se desenvolve uma vegetação densa, formada por juncos, gravatás, figueiras, corticeiras e aguapés. O hábitat é ideal para a proteção e a alimentação de uma multidão de animais.

No banhado do Taim, são comuns o cisne-de-pescoço-preto, o colhereiro, o quero-quero, o joão-de-barro, o maçarico, o socó, diversas garças e marrecos, a onça-pintada, o veado, o gato-do-mato, a lontra, as lebres, a capivara e o ratão-do-banhado, a espécie de mamífero mais abundante. Entre os peixes podemos citar os bagres, os pintados, as traíras, os cascudos e as corvinas. Vivem ainda no banhado diversas espécies de tartarugas e o jacaré.

Considerado o mais importante ecossistema da região Sul, o banhado do Taim já foi alvo da disputa entre portugueses e espanhóis e, depois, entre brasileiros e uruguaios. Apenas em 1909, com um acordo assinado entre os dois países, os conflitos terminaram. As terras do banhado pertenciam ao comendador Faustino Correa e, como abrangiam áreas de dois municípios, passaram para o Estado após sua morte. Em 1979, a área foi transformada em Estação Ecológica, mas isso não limitou a ação dos caçadores, que ainda atuam na região. Uma única estrada, a BR-471, corta o banhado e permite o abastecimento da pequena vila do Taim, ao norte da reserva.

O banhado do Taim se divide em três tipos de sistemas. O primeiro, situado junto à lagoa, ocupa a maior área da reserva: são os banhados propriamente ditos. O segundo é formado por dunas de areia que se estendem por mais de 10 km estação adentro. O terceiro, finalmente, compõe-se de bosques que margeiam todo o banhado.

Devido à riqueza de seu solo, produto de milhares de anos de deposição de matéria orgânica, houve até tentativas no passado de drená-lo para uso agrícola, abandonadas a partir de 1979 quando a área transformou-se em Estação Ecológica. Caso a drenagem se concretizasse, teríamos assistido a um dos maiores desastres ecológicos já ocorridos no Brasil.

Apesar de preservado, o banhado do Taim não está livre da ação humana. Frequentemente a região Sul é assolada por períodos de seca, o que modifica quase toda a paisagem do banhado. Com a destruição de seu ambiente, diversos animais morrem e muitas aves migratórias deixam de visitar a região, como fazem todo ano. Nesses períodos, é hábito de fazendeiros locais bombearem o pouco que resta das águas do banhado para suas propriedades, na esperança de salvar suas lavouras. Tal procedimento pode provocar a morte de peixes e causar outros danos ao equilíbrio local.

Há estudos que demonstram que as secas cada vez mais severas resultam de alterações ambientais ocorridas em regiões do entorno, como os desmatamentos e a poluição urbana. O fenômeno que se observa no Taim deve ser tomado como demonstração das intrincadas relações existentes entre os diversos ecossistemas e das consequências danosas dos desequilíbrios provocados pelo ser humano.

A ZONA DOS COCAIS

Em Tocantins, Maranhão, Piauí, Ceará e Rio Grande do Norte existem florestas dominadas pelas palmeiras babaçu e carnaúba, ocorrendo também o buriti e a oiticica. Geograficamente localizada entre a Amazônia e a caatinga, a zona dos cocais é, de fato, uma floresta secundária, formada pelo desmatamento. O babaçu, quando está livre de competição, desenvolve-se rapidamente, atingindo até 15 m de altura, e passa a dominar o ambiente.

Os babaçuais são muito importantes economicamente, pois deles se extraem diversos produtos, como o óleo, o álcool,

Apesar de os pampas constituírem a melhor região para pecuária no Brasil, muito de sua área está sendo consumida por culturas agrícolas, menos produtivas e mais prejudiciais ao meio ambiente. Fotografia digital captada em 2011, em Santa Maria (RS).

coberturas para habitantes, acetatos, fibras, glicerina e muitos outros. Da carnaúba extrai-se principalmente a cera.

Com a expansão das pastagens na região, os babaçuais estão sendo destruídos em um ritmo intenso, mas o interesse econômico que representam e a incrível velocidade com que se reproduzem podem garantir a continuidade de sua existência. Diversos projetos comunitários de extração são desenvolvidos na mata de cocais, mas a importância econômica das palmeiras de babaçu tem diminuído devido à sua derrubada indiscriminada para a ampliação das áreas de pasto para a pecuária, principalmente no Maranhão e no norte do Tocantins. Essa região constitui, sem dúvida, um dos nossos ecossistemas com melhores perspectivas de preservação – desde que se invista no manejo sustentável do babaçu e da carnaúba.

OS PAMPAS

São campos formados quase exclusivamente por gramíneas, localizados principalmente no Rio Grande do Sul, ocupando 47% de seu território. O clima dominante na região é o subtropical frio, com estações bem definidas e média anual de temperatura de 19 °C. Os arbustos e as árvores são muito raros, ocorrendo apenas isoladamente ou em pequenas formações, sem quebrar a aparência herbácea da paisagem.

Alguns animais silvestres são típicos desses campos, como o guaraxaim, o gato-do-pampa, o zorrilho, a raposa-do-campo e diversos roedores.

Por sua própria constituição florística, os pampas são ideais para o desenvolvimento da atividade pecuária, mas, apesar disso, muito de sua área já foi consumida por culturas agrícolas, menos produtivas e mais prejudiciais ao meio ambiente. As plantações de cereais são muito comuns devido às características favoráveis do clima da região.

É nos pampas que se encontra o maior rebanho bovino gaúcho, e, graças à sua grande extensão, o Rio Grande do Sul é um dos maiores produtores de carne e derivados do Brasil. A prática da pecuária já é uma tradição gaúcha, e os pampas são considerados um símbolo desse Estado.

Conclusão

As pressões internacionais

Com a contínua devastação ambiental no Brasil, principalmente na Amazônia, e o assassinato do líder sindical e ecologista Chico Mendes, no final de 1988, entre outros episódios desde então, a comunidade internacional intensificou as atenções ao nosso país. No cenário internacional, após se tornar signatário de acordos internacionais elaborados nas diversas conferências realizadas, da qual participaram vários líderes mundiais, o Brasil ganhou destaque como nação-chave para o sucesso da implantação de uma nova mentalidade ante a questão ambiental. A importância de sua biodiversidade e o papel de protagonista que sua sociedade civil organizada conquistou ao longo das últimas décadas nos legaram uma responsabilidade inadiável diante do cenário global, liderando ações que possam promover um futuro sustentável para a sociedade e a natureza.

Precisamos refletir um pouco sobre esse interesse pelo meio ambiente brasileiro. Somos acusados de devastadores, algumas vezes por nações que historicamente promoveram significativas ações de degradação ao meio ambiente. Os Estados Unidos e a Europa, por exemplo, produzem milhões de toneladas de poluentes, destruíram quase todos os seus ambientes naturais para transformá-los em áreas de cultivo e armazenaram um arsenal nuclear capaz de destruir todo o nosso planeta. Esse modelo é perseguido, posteriormente, pelos chamados países emergentes, entre eles a China, a Índia, o Brasil e a África do Sul. Por que falar em preservar apenas os ecossistemas brasileiros?

Cabe aqui uma reflexão: nosso país possui a maior biodiversidade do planeta. Isso, além de grande orgulho, constitui uma responsabilidade. O Brasil é signatário da Convenção sobre Diversidade Biológica (CDB), o mais importante acordo internacional sobre diversidade biológica, baseada na utilização sustentável de seus componentes e na repartição justa e equitativa dos benefícios derivados do uso dos recursos genéticos. Apesar de se estimar haver entre 10 milhões e 100 milhões de espécies no planeta, o número hoje conhecido está em torno de somente 1,7 milhão, valor que atesta nosso elevado grau de desconhecimento da biodiversidade. Sabe-se, no entanto, que temos de 15% a 20% do número total de espécies do planeta.

O país abriga mais de 55 mil espécies de plantas descritas. Alguns dos ecossistemas mais ricos do planeta em número de espécies vegetais – a Amazônia, a mata atlântica e o cerrado – estão localizados no Brasil. A floresta amazônica brasileira, com mais de 30 mil espécies vegetais, compreende cerca de 26% das florestas tropicais remanescentes no planeta. Há aqui a mais alta taxa de endemismo, e o número de espécies, tanto terrestres como marinhas, ainda não identificadas pode alcançar valores da ordem de dezena de milhões. A diversidade biológica presta serviços ambientais que são estimados em 33 trilhões de dólares anuais, representando quase o dobro do PIB mundial.

Além disso, o Brasil possui uma rica sociodiversidade, representada por mais de duzentos povos indígenas, além das comunidades tradicionais (quilombolas, caiçaras, seringueiros etc.) que reúnem um inestimável acervo de conhecimentos ancestrais sobre a conservação e o uso de nossa biodiversidade. Possui também um extenso sistema de áreas protegidas que promovem a conservação da biodiversidade, incluindo mais de 6% do território em Unidades de Conservação e 12% em terras indígenas, além de extensas Áreas de Preservação Permanente e de Reservas Florestais Legais.

Temos, portanto, uma responsabilidade especial em relação à biodiversidade, o que nos impõe diariamente o desafio da conservação e do uso sustentável deste legado, mesmo ante as grandes dificuldades que ainda temos em termos de desenvolvimento científico e tecnológico e de recursos financeiros.

Quer o Brasil reconheça, quer não, a devastação das florestas tropicais é um problema mundial. As mudanças climáticas que a derrubada da Amazônia pode causar em todo o planeta são hoje constatadas por diversos estudos. Nosso país tem o direito de utilizar as riquezas existentes em seu território para a melhoria do padrão de vida de sua população, mas há um claro compromisso com o resto da humanidade. Não abrindo mão da possibilidade de implantar suas próprias soluções, o Brasil deve se unir ao resto do mundo na busca de caminhos coletivos de ação.

Diversas são as entidades mundiais preocupadas com a preservação e, se suas propostas forem compatíveis com nossos direitos, não há por que não aceitá-las. Precisamos usar o meio ambiente como um trunfo, que no futuro garanta nosso desenvolvimento e bem-estar como seres humanos. Se temos competência ou não para resolver nossos problemas ecológicos, é o que precisamos mostrar a todo o mundo.

UMA MUDANÇA DE MENTALIDADE

Como pudemos constatar, a situação ambiental do Brasil não é das melhores. Os desmatamentos estão acabando com as florestas, os rios vêm sendo poluídos e nossa fauna está desaparecendo. E o mais preocupante é o ritmo desenfreado com que essa destruição está se efetuando. Cada vez mais se destrói em nome do crescimento econômico, e é ínfima a preocupação com a conservação.

Hoje, a maioria dos brasileiros vive em cidades, distanciada da natureza. Para garantir o padrão de vida da população urbana, exige-se o sacrifício do meio ambiente. Os problemas sociais típicos das grandes cidades parecem ter uma importância infinitamente maior do que a destruição da natureza. Mas sem ela, é bom lembrar, não será possível nossa sobrevivência.

Apesar das diversas iniciativas governamentais, no início do século XXI, voltadas para a redução das diferenças sociais, o Brasil ainda é um país de desigualdades. As condições de vida de boa parte de seus habitantes estão muito aquém do que é considerado ideal pelos índices da ONU. Diante de tal situação podemos perguntar: como um cidadão que vive em condições miseráveis vai se preocupar com o fim da Amazônia? Como convencê-lo de que é importante lutar pela preservação ambiental? É claro que os problemas de seu dia a dia são, para ele, muito mais urgentes – dizem respeito à sua sobrevivência imediata. No entanto, fica esse impasse: como pode ter consciência ecológica um povo que passa fome?

A luta por uma distribuição de renda mais justa para a população brasileira deve ser, sem dúvida, a prioridade nacional, mas a morte de nossos ecossistemas só agravaria o quadro de degradação de nossa qualidade de vida. Não podemos continuar presenciando passivamente esse cenário.

Foi a partir da constatação de que a questão ambiental no Brasil não andava muito bem que começaram a se formar as associações de defesa do meio ambiente. Em muitos outros países, essas associações já existiam há muito tempo, mas no Brasil o movimento ecológico só começou a ganhar força a partir das três últimas décadas do século XX, sendo a Conferência das Nações Unidas sobre o Meio Ambiente e Desenvolvimento, a Rio-92, o evento-chave para alavancar a mobilização nacional em torno das temáticas socioambientais.

Sediado no Rio de Janeiro, em 1992, com a participação de mais de cem países, esse evento foi fundamental para instaurar, no âmbito político, uma consciência ecológica global: a partir dele, países em desenvolvimento estabeleceram um diálogo com países desenvolvidos acerca das questões ambientais, apontando diretrizes e responsabilidades, uma "agenda comum", para a busca de um desenvolvimento socioeconômico "sustentável", ou seja, que preserve os ecossistemas do planeta. Um dos desdobramentos fundamentais da discussão foi o reconhecimento dos países desenvolvidos como os maiores poluidores e detentores de uma dívida ecológica e social em relação aos países em desenvolvimento. Documentos importantes, que norteiam a política ambiental mundial até hoje, emergiram do encontro, como a Carta da Terra, a Convenção sobre a Biodiversidade, a Declaração de Princípios sobre a Floresta, a Declaração do Rio sobre Ambiente e Desenvolvimento, a Agenda 21, entre outros. Este último, inclusive, é considerado o mais relevante, por conter estratégias para a sustentabilidade que deveriam ser adotadas pelos seus 179 países signatários.

A Cúpula Mundial sobre Desenvolvimento Sustentável (2002), em Joanesburgo (África do Sul), apelidada de Rio+10, e a Conferência das Nações Unidas sobre Desenvolvimento Sustentável (2012), a Rio+20, ocorreram com o intuito de rever as discussões e as propostas que os países participantes definiram na Rio-92, verificando o que foi colocado em prática, as principais dificuldades, e analisando dados científicos atualizados sobre as condições do planeta.

Há sempre muitas críticas em relação a essas conferências, devido à enorme distância entre as discussões realizadas, os acordos firmados e o que é efetivamente realizado pelos países. Muitas vezes os textos criados são vagos e não regulamentam claramente o que deve ser feito, em quanto tempo e quais as penas para aqueles que não cumprem o acordado. De qualquer forma, é indiscutível a importância desses encontros para a criação dos documentos que se tornam a base das reivindicações realizadas pela sociedade civil, a cada ano mais organizada politicamente, para a promoção do intercâmbio de ideias e difusão das melhores práticas ambientais, além do impacto causado na opinião pública, que pode levar à tão necessária mudança de comportamento e de paradigma da relação do ser humano em relação à natureza.

Com esse breve histórico, nota-se que iniciamos o século XXI com um conjunto expressivo de ações ligadas à luta pela conservação ambiental. Sua importância para a formação de uma nova consciência nacional é muito evidente. A partir do trabalho árduo de seus militantes, disparou-se o alarme dos problemas ambientais. No começo, pouca atenção foi dada ao movimento, mas hoje a degradação do meio ambiente já é, de acordo com pesquisas de opinião, uma das maiores preocupações do brasileiro. Para obter essa conquista, os ambientalistas trabalharam com limitados recursos financeiros, procurando apenas despertar a atenção da população para a devastação, que passava despercebida da maioria dos cidadãos.

Hoje, vencida a primeira batalha, o movimento ambientalista deve assumir novos rumos. Em um primeiro momento, ele teve o papel fundamental de denunciar os problemas; a etapa que se segue implica a proposta de soluções. A união com a comunidade científica, nesse sentido, é fundamental e, com certeza, dará à luta pela preservação um novo aspecto. As denúncias precisam continuar, mas para obter respaldo da comunidade devem ser seguidas de propostas concretas de solução.

O movimento vem amadurecendo para unir à visão preservacionista original, centrada nas questões exclusivas da natureza, uma nova compreensão, que inclui a sociedade humana, com seus problemas urbanos – como poluição, falta de saneamento básico, miséria etc. –, considerando-os tão graves quanto os referentes à destruição dos ecossistemas. Apenas quando a população brasileira perceber que diminuir o nível de poluentes de sua cidade ou garantir a preservação da natureza tem importância para sua qualidade de vida poderemos acreditar em uma mudança de atitudes. Quando aquele indivíduo economicamente desfavorecido passar a lutar pela melhoria de seu padrão de vida, teremos criado a verdadeira consciência ecológica. Afinal, comunidade carente também é meio ambiente e precisa de soluções tanto quanto a Amazônia. É preciso buscar essas soluções.

EDUCAR PARA PRESERVAR

Mudar toda a forma de pensar de uma população é uma tarefa difícil. No que se refere ao meio ambiente, diversos valores vêm sendo inculcados há séculos nos indivíduos. A ideia de que a natureza existe para ser utilizada pelo ser humano é aceita desde os primórdios de nossa civilização. A própria concepção judaico-

-cristã de mundo admite que Deus criou as plantas e os animais e, posteriormente, para os dominar, o ser humano. Como mudar essa visão antropocêntrica, tão fortemente enraizada em nossa mente? Como reatar o antigo nó que ligava nossos ancestrais à natureza?

Parece que o distanciamento entre a sociedade pós-industrial e a natureza tornou-a insensível às questões ambientais. O cinza do concreto armado das grandes cidades apagou a lembrança dos tempos em que o contato com as florestas e os campos fazia parte do nosso processo natural de sobrevivência. No entanto, bem lá no fundo, deve ter restado algo das épocas passadas. O período transcorrido desde que o ser humano começou a abandonar seu hábitat original para viver em cidades é muito pequeno para ter eliminado completamente seus instintos elementares.

Fica muito evidente que, quando em contato com a natureza, ele se revitaliza, e sua identidade primitiva parece reemergir. Não estamos sugerindo, é claro, que abandone as cidades e passe a viver como seus ancestrais, mas apenas que reflita um pouco sobre seu lugar na natureza. Ao resgatar esse instinto de união com o meio ambiente, a consciência ecológica brota como um subproduto natural. Para possibilitar esse reencontro, é preciso que se realize um intenso trabalho de educação ambiental, entendendo-se por isso toda e qualquer atividade que ajude um indivíduo a perceber sua relação com o mundo que o cerca.

Existem no Brasil diversas experiências e trabalhos de educação ambiental. Uma das estratégias que vêm sendo consagradas é a que recoloca o ser humano em contato direto com elementos da natureza. Assim, são comuns as expedições a reservas biológicas e parques nacionais, em que os participantes (a maioria habitantes de cidades) podem compreender um pouco mais sobre o funcionamento dos ecossistemas ou apenas conhecer um ambiente que não lhes é acessível normalmente.

Na verdade, a educação ambiental vai um pouco além. Ela não pode ser confundida com ecoturismo, uma atividade complementar, mas com objetivos ligeiramente diferentes. Educar e criar valores, é isso que precisa ser garantido. Não basta um professor de Biologia ou de Geografia dizer ("ensinar") que determinado ecossistema tem essas e aquelas características. Não basta o guia de turismo mostrar paisagens paradisíacas e fazer comentários poéticos sobre elas. Não basta, finalmente, os ambientalistas dizerem que é preciso salvar a natureza a qualquer custo. A verdadeira mentalidade conservacionista só surgirá quando o indivíduo perceber, por ele mesmo, seu papel nesse processo. E fazer educação ambiental é fornecer elementos para que ele alcance essa percepção.

A maioria dos trabalhos de educação ambiental é direcionada às crianças e aos jovens. Isso porque é neles que se depositam as esperanças de um futuro melhor para a humanidade. Enquanto os adultos já possuem uma mentalidade formada, as crianças, cujas personalidades ainda estão em formação, são muito mais abertas à aceitação de novos valores. O conceito de que viver em harmonia com a natureza garante a sobrevivência do ser humano como espécie precisa estar presente na consciência de todas as pessoas no futuro. E o futuro começa a ser construído agora.

O trabalho de educadores ambientais é, seguramente, o mais importante elemento transformador da mentalidade da sociedade rumo à sustentabilidade, pois garantirá a massa crítica pensante necessária para que novas conquistas se efetivem no futuro.

O QUE VOCÊ PODE FAZER POR TODOS NÓS

Durante a leitura deste livro, você deve ter-se perguntado: "Afinal, o que eu posso fazer de concreto a respeito do problema ambiental?". Essa sua dúvida é bastante pertinente, uma vez que o tempo todo foi sendo traçado à sua frente um quadro revoltante de devastação. O sentimento de impotência diante da grandiosidade da questão é muito natural.

Você pode estar interessado em engajar-se em algum grupo ecológico, levantar bandeiras em passeatas, colher assinaturas para documentos de protesto ou distribuir panfletos preservacionistas. Faça isso, se lhe convier. Afinal, o movimento está sempre precisando de novos militantes, pois são eles que garantem o prosseguimento da luta.

Você pode, também, sair pelo mundo plantando árvores. Se cada habitante da Terra plantasse uma árvore por ano, elas seriam, no final, 7 bilhões. Admitindo-se que cada uma delas possua uma copa de 5 m de diâmetro, a área anual coberta por verde seria de 17,5 milhões de hectares. Se você acha que alguns deixarão de plantá-las, plante você dez em vez de uma.

Outra opção é passar a respeitar a natureza com mudanças de atitudes, do tipo "não consumir produtos que destruam o meio ambiente", "não construir fábricas poluidoras" ou "jogar lixo nos locais devidos". Sem dúvida alguma você estará contribuindo muito.

Saiba, no entanto, que, se está realmente pensando em contribuir para nossa sobrevivência, sua tarefa é muito mais inglória. Você, que leu este livro até aqui, adquiriu uma série de informações que, se não forem passadas adiante, são completamente inúteis.

Para se tornar um verdadeiro agente transformador, você deve simplesmente buscar novas informações e transmiti-las ao maior número de pessoas que puder. Lembre-se do que foi dito acima: a única saída é educar para preservar. Esse é o verdadeiro trabalho a ser feito, e esta é a maior contribuição que você pode dar.

Você sabe um pouco mais a respeito dos problemas ambientais do que a maioria de nossa população. Saiba, agora, que os maiores responsáveis por eles não são aqueles que estão no meio da floresta, desmatando-a, ou aqueles que estão poluindo os rios com mercúrio.

Os verdadeiros responsáveis são os que, mesmo conhecendo a dimensão do problema, nada fazem para resolvê-lo. Esses acreditam que o simples fato de não estarem diretamente envolvidos na depredação os torna isentos de qualquer culpa. "Destruidores são os outros", pensam. Você pode se tornar um deles facilmente.

Sinto muito, caro leitor, mas acho que você acaba de se meter em uma enrascada. Ou ajuda, com seus conhecimentos, a evitar a destruição de nossos ecossistemas ou se torna conivente com ela. Tenho certeza de que você se decidirá pela primeira opção. Ou será que deixará este livro escondido em uma estante de sua biblioteca, como se não o tivesse lido?

Glossário

A

ALÍSEO – Vento que sopra durante todo o ano sobre extensas regiões do globo, das altas pressões subtropicais em direção às baixas pressões equatoriais.

ANTRÓPICA – Alteração do ambiente provocada por ação do ser humano.

ASSOREAMENTO – Obstrução de um rio, canal ou estuário para deposição de areia e outros sedimentos.

B

BIOGÁS – Gás, geralmente metano, resultante da decomposição de matéria orgânica por micro-organismos.

BIOMASSA – Quantidade de matéria orgânica e inorgânica presente em determinado ser vivo ou ecossistema, normalmente medida em m^3.

BIOSFERA – Conjunto dos ecossistemas existentes no planeta Terra.

C

CALAGEM – Técnica de adubação ou correção do solo por meio da utilização de cal.

CONÍFERAS – Plantas gimnospermas que, como o pinheiro-do-paraná, produzem sementes não protegidas por frutos ("sementes nuas").

CONTROLE BIOLÓGICO – Técnicas de controle de pragas das lavouras que empregam inimigos naturais.

CORTE RASO – Quando ocorre a retirada total da cobertura florestal de uma determinada área.

CURVAS DE NÍVEL – Recortes feitos em encostas de morros e outras declividades com o objetivo de diminuir o efeito erosivo das águas das chuvas sobre o solo.

E

ECÓTONO – Comunidade mista ou área de transição entre duas comunidades vizinhas, por exemplo, floresta e pradaria.

ENDÊMICO – Espécie de animal ou vegetal que ocorre apenas em determinada localidade do planeta.

ESTUÁRIO – Tipo de foz de rio, em que o curso de água se abre largamente.

EVAPOTRANSPIRAÇÃO – Processo pelo qual a vegetação perde água para o ambiente, por transpiração somada à evaporação.

F

FITOMASSA – Biomassa contida nos vegetais.

FOTOSSÍNTESE – Fenômeno pelo qual as plantas portadoras de pigmentos capazes de captar a luz do Sol conseguem obter energia. Sequência de eventos físicos e químicos que transformam energia luminosa (luz solar) em energia química (moléculas de ATP).

H

HÁBITAT – Local com características ecológicas específicas, onde vive determinado animal ou população.

HECTARE – Unidade de área equivalente a 10 mil m^2.

HÚMUS – Produto da decomposição de restos vegetais e animais que caem sobre o solo de uma mata. Importante para garantir a reciclagem dos nutrientes necessários para a vida vegetal.

N

NICHO ECOLÓGICO – Conjunto das diversas variáveis ambientais (hábitat, clima, alimentos, predadores etc.) que estão relacionadas à vida de determinada espécie.

P

PIRACEMA – Época em que, para desovar, grandes cardumes de peixes sobem às nascentes dos rios, enfrentando, às vezes, grandes corredeiras.

S

SAMBAQUI – Antigos depósitos de conchas, restos de utensílios e esqueletos, amontoados na costa ou próximo a rios e lagos por tribos selvagens que habitaram o litoral das Américas na Pré-História.

SILVICULTURA – Ciência que tem por finalidade o estudo e a exploração das florestas e seus produtos.

V

VEGETAÇÃO CLÍMAX – Ecossistema que atingiu o grau de evolução máximo permitido pelas condições ambientais locais.

Z

ZONA INTANGÍVEL – Área de um parque nacional ou reserva biológica que não pode sofrer nenhuma alteração por iniciativa humana, mantendo suas características primitivas.

Leituras complementares

AB'SÁBER, Aziz Nacib. *Ecossistemas do Brasil*. São Paulo: Metalivros, 2006.

BECKER, Bertha K. *Amazônia*: geopolítica na virada do III milênio. Rio de Janeiro: Garamond, 2009.

BIZERRIL, Marcelo. *Vivendo no cerrado e aprendendo com ele*. São Paulo: Saraiva, 2005.

CÂMARA, Ibsen de Gusmão. *Plano de ação para a mata atlântica*. São Paulo: Fundação SOS Mata Atlântica, 1991.

CONTI, José Bueno. *Clima e meio ambiente*. 7. ed. São Paulo: Atual, 2011.

DEAN, Warren. *A ferro e fogo*: a história e a devastação da mata atlântica brasileira. São Paulo: Companhia das Letras, 1997.

FERNANDEZ, Fernando. *O poema imperfeito*. Curitiba: Editora da UFPR, 2004.

FURLAN, Sueli Angelo; NUCCI, João Carlos. *A conservação das florestas tropicais*. 2. ed. São Paulo: Atual, 1999.

GONÇALVES, Carlos Walter Porto. *Amazônia, Amazônias*. São Paulo: Contexto, 2001.

JUNQUEIRA, Viviane; NEIMAN, Zysman (Orgs.). *Educação ambiental e conservação da biodiversidade*: reflexões e experiências brasileiras. Barueri: Manole, 2007.

LACERDA, Otávio Augusto Costa de. *Entendendo o pantanal*. Campo Grande: Uniderp, 2004.

LEAL, Inara R.; TABARELLI, Marcelo; SILVA, José Maria Cardoso da. *Ecologia e conservação da caatinga*. Recife: Editora da UFPE, 2003.

LEITE, Marcelo. *Amazônia*: terra com futuro. São Paulo: Ática, 2005.

LUZ, Cláudia; DARYRELL, Carlos (Orgs.). *Cerrado e desenvolvimento*: tradição e atualidade. Montes Claros: Centro de Agricultura Alternativa do Norte de Minas (CAA-NM)/ Rede Cerrado, 2000.

MATTOS, Neide de; FACCHINI, Suzana Granato. *Lixo, problema nosso de cada dia*. São Paulo: Saraiva, 2005.

MEIRELLES-FILHO, João. *O livro de ouro da Amazônia*. Rio de Janeiro: Ediouro, 2004.

OLIVEIRA, Ariovaldo Ubelino de. *Amazônia:* monopólio, expropriação e conflitos. Campinas: Papirus, 1987.

PAVAN, Crodowaldo (Coord.). *Uma estratégia latino-americana para a Amazônia*. São Paulo: Memorial, 1996. 3 v.

PINTO, Maria Novaes (Org.). *Cerrado*: caracterização, ocupação e perspectivas. Brasília: Editora da UnB, 1990.

ROCHA, Ana Augusta; COSTA, José Pedro de Oliveira (Eds.). *A reserva da biosfera da mata atlântica e sua aplicação no Estado de São Paulo*. São Paulo: Terra Virgem/Secretaria do Meio Ambiente do Estado de São Paulo, 1998.

ROSA, Antônio Vítor. *Agricultura e meio ambiente*. 7. ed. São Paulo: Atual, 1998.

SCARLATO, Francisco C.; PONTIN, Joel Arnaldo. *Do nicho ao lixo*. 18. ed. São Paulo: Atual, 2009.

SIMÕES, Luciana Lopes; LINO, Clayton Ferreira (Orgs.). *Sustentável Mata Altântica*: a exploração de seus recursos florestais. São Paulo: Senac, 2002.

SISTEMA NACIONAL DE UNIDADES DE CONSERVAÇÃO DA NATUREZA (SNUC): Lei nº 9.985, de 18 de julho de 2000. Brasília: Ministério do Meio Ambiente (MMA), 2000.

Bibliografia

ALVIM, Paulo de T. Floresta amazônica: equilíbrio entre utilização e conservação. *Ciência e Cultura*, v. 30, n. 1, p. 9-16, 1978.

ANDERSON, Anthony; MAY, Peter. A palmeira de muitas vidas. *Ciência Hoje*, v. 4, n. 20, p. 58-65, 1985.

ARAGÃO, Mario B. Alguns aspectos da ecologia da Amazônia. *Ciência e Cultura*, v. 35, n. 11, p. 1628-1633, 1983.

BRASIL. Presidência da República. *Plano Amazônia Sustentável*: diretrizes para o desenvolvimento sustentável da Amazônia brasileira. Brasília: MMA, 2008. Disponível em: <www.sae.gov.br/site/?p=1078>. Acesso em: 18 fev. 2013.

CIÊNCIA HOJE – Edição Especial sobre a Amazônia, v. 2, n. 10, 1984.

CARNEIRO FILHO, Arnaldo; SOUZA, Oswaldo Braga de. *Atlas de pressões e ameaças às terras indígenas na Amazônia brasileira*. São Paulo: Instituto Socioambiental, 2009.

DUNN DE ARAUJO, Dorothy Sue; LACERDA, Luiz Drude de. A natureza das restingas. *Ciência Hoje*, v. 6, n. 33, p. 42-48, 1987.

FEARNSIDE, Philip M. Alternativas de desenvolvimento na Amazônia brasileira: uma avaliação ecológica. *Ciência e Cultura*, v. 38, n. 1, p. 37-59, 1986.

FEITOSA, Everaldo Alencar do Nascimento et al. *Panorama do potencial eólico no Brasil*. Brasília: Aneel, 2003.

FUNDAÇÃO PARA A CONSERVAÇÃO E A PRODUÇÃO FLORESTAL DO ESTADO DE SÃO PAULO. Unidades de conservação estaduais sob gestão da Fundação Florestal. Disponível em: <www.fflorestal.sp.gov.br/media/uploads/pdf/UCS_FF2009.pdf>. Acesso em: 18 fev. 2013.

FUNDAÇÃO PRÓ-NATUREZA. *Relatório do Encontro de Trabalho "Alternativas ao Desmatamento da Amazônia"*, 1988, 31 p.

FUNDAÇÃO SOS MATA ATLÂNTICA. *Salve a mata atlântica*, 1988.

______. *Manejo de florestas tropicais*, 1988.

INSTITUTO DE PESQUISA AMBIENTAL DA AMAZÔNIA (Ipam); CENTRO DE GESTÃO E ESTUDOS ESTRATÉGICOS (CGEE). Áreas de populações extrativistas na Amazônia Legal. Disponível em: http://g1.globo.com/platb/natureza-maryallegretti/?s=amaz%C3%B4nia+legal> Acesso em: 18 fev. 2013.

INSTITUTO DO HOMEM E MEIO AMBIENTE DA AMAZÔNIA (Imazon). Desmatamento na Amazônia Legal até 2010. Disponível em: <www.imazon.org.br/mapas/desmatamento-acumulado-2007-2010/desmatamento-na-amazonia-ate-2010>. Acesso em: 18 fev. 2013.

______. Manejo florestal comunitário. Disponível em: <www.imazon.org.br/mapas/manejo-florestal-comunitario>. Acesso em: 18 fev. 2013.

______; INSTITUTO NACIONAL DE PESQUISAS ESPACIAIS (Inpe). As áreas protegidas da Amazônia Legal. Disponível em: <www.imazon.org.br/mapas/as-areas-protegidas-da-amazonia>. Acesso em: 18 fev. 2013.

INSTITUTO NACIONAL DE PESQUISAS ESPACIAIS (Inpe). Monitoramento da Floresta Amazônica Brasileira por Satélite. Disponível em: <www.obt.inpe.br/prodes/index.php>. Acesso em: 18 fev. 2013.

______. Taxas anuais do desmatamento - 1988 até 2011. Disponível em: <www.obt.inpe.br/prodes/prodes_1988_2011.htm>. Acesso em: 18 fev. 2013.

INSTITUTO SOCIOAMBIENTAL. Disponível em: <http://uc.socioambiental.org/brasil/c%C3%B4mputo-geral-de-ucs-federais>. Acesso em: 3 set. 2012.

LACERDA, Luiz Drude de. Manguezais: florestas de beira-mar. *Ciência Hoje*, v. 3, n. 13, p. 63-70, 1984.

MELO, Mario Lacerda de. *Paisagens do Nordeste em Pernambuco e Paraíba*. Conselho Nacional de Geografia, 1958.

MENESES, Nanusa Luíza de; GIULIETTI, Ana Maria. Campos rupestres: paraíso botânico na serra do Cipó. *Ciência Hoje*, v. 5, n. 25, p. 38-47, 1986.

NORGAARD, Richard B. Desenvolvimento agrícola e transformação ambiental na terra firme amazônica. *Ciência e Cultura*, v. 33, n. 1, p. 48-56, 1981.

OLIVEIRA, Ariovaldo Umbelino de. *Amazônia*: monopólio, expropriação e conflitos. Campinas: Papirus, 1987.

OLIVEIRA, Fabíola de. Influência da Amazônia no clima e na atmosfera. *Ciência e Cultura*, v. 40, n. 2, p. 109-114, 1988.

OLIVIER, Jos G. J.; JANSSENS-MAENHOUT, Greet; PETERS, Jeroen A. H. W. *Long-term Trend in Global CO_2 Emissions - 2012 Report*. Haia: PBL Netherlands Environmental Assessment Agency/Institute for Environment and Sustainability (IES) of the European Commission's Joint Research Centre (JRC), 2012.

ORGANIZAÇÃO MUNDIAL PARA A AGRICULTURA E ALIMENTAÇÃO (FAO) - Departamento Florestal. *Evaluación de los recursos florestales mundiales*, 2010. Disponível em: <http://foris.fao.org/static/data/fra2010/KeyFindings-es.pdf>. Acesso em: 23 out. 2012.

PÁDUA, Maria Tereza Jorge. Pantanal: terra de todos, terra de ninguém. *Ciência Hoje*, v. 2, n. 8, p. 44-49, 1983.

______. *Sistemas de parques nacionais e reservas biológicas do Brasil*. Serviço Público, ano VIII, n. 4, p. 17-20, 1983.

PAULA, José Elias de. Sugestões para equilíbrio entre a exploração de recursos renováveis do pantanal e preservação dos respectivos ecossistemas. *Ciência e Cultura*, v. 38, n. 5, p. 817-828, 1986.

SCHUBART, Herbert; JUNK, Wolfgang Johannes; PETRERE JUNIOR, Miguel. Sumário de ecologia amazônica. *Ciência e Cultura*, v. 28, n. 5, p. 507-509, 1976.

SOS MATA ATLÂNTICA; INSTITUTO NACIONAL DE PESQUISAS ESPACIAIS (Inpe). *Atlas dos remanescentes florestais da Mata Atlântica 2010-2011*. Disponível em: <www.sosma.org.br/wp-content/uploads/2012/05/mapa_Brasil_A3_portrait_2010_2011_com_decs_com_leg_100dpi.png>. Acesso em: 23 out. 2012.

SUPERINTENDÊNCIA DO DESENVOLVIMENTO DA AMAZÔNIA. *Amazônia*, 1977.

THÉRY, Hervé; MELLO, Neli Aparecida de. *Atlas do Brasil*: disparidades e dinâmicas do território. 2. ed. São Paulo: Edusp, 2008.

Foram também consultadas, para a elaboração desta obra, mais de trezentas reportagens dos arquivos dos seguintes periódicos nacionais: *Afinal, Desfile, Folha de S.Paulo, Guia Rural Abril, IstoÉ, Jornal da Tarde, Jornal de Brasília, Jornal do Brasil, Jornal do Campus/USP, Manchete, O Estado de S. Paulo, O Globo, Pasquim, Pau-Brasil, Veja* e *Visão.*

SITES

Agência de Informação da Empresa Brasileira de Pesquisa Agropecuária (Embrapa)
<www.agencia.cnptia.embrapa.br>
Organiza informações sobre alguns biomas, como cerrado e caatinga.

Agência Nacional das Águas (ANA)
<www.ana.gov.br>
Implementa e coordena a gestão compartilhada e integrada dos recursos hídricos e regula o acesso à água, promovendo seu uso sustentável.

Comissão Pastoral da Terra (CPT)
<www.cptnacional.org.br>
Órgão vinculado à Conferência Nacional dos Bispos do Brasil, criado em 1975. Tem se destacado na luta pelos direitos de trabalhadores rurais, sobretudo na Amazônia.

Departamento de Ecologia do Instituto de Biocências da Universidade de São Paulo (IB-USP)
<www.ecologia.ib.usp.br>
Congrega informações sobre vários ecossistemas brasileiros, como a caatinga, os manguezais, o pantanal, a mata atlântica e o cerrado (esse último na interessante organização do Prof. Dr. Leopoldo Magno Coutinho).

Fundação Nacional do Índio (Funai)
<www.funai.gov.br>
Entidade vinculada ao Ministério da Justiça, que responde pelo estabelecimento e pela execução da política indigenista brasileira em cumprimento do que determina a Constituição Federal.

Fundação SOS Mata Atlântica
<www.sosma.org.br>
Organização não governamental que tem como missão promover a conservação da diversidade biológica e cultural do bioma mata atlântica e ecossistemas sob sua influência, estimulando ações para o desenvolvimento sustentável. Mobiliza, capacita e estimula o exercício da cidadania socioambiental.

Greenpeace
<www.greenpeace.org/brasil/pt>
Organização de atuação global e independente que objetiva defender o ambiente e promover a paz, inspirando as pessoas a mudar atitudes e comportamentos.

Instituto Brasileiro de Florestas (IBF) – Bioma pampa
<www.ibflorestas.org.br/pt/bioma-pampa.html>
Página do instituto paranaense com informações sobre os pampas.

Instituto Brasileiro do Meio Ambiente e dos Recusos Naturais Renováveis (Ibama)
<www.ibama.gov.br>
Autarquia federal, vinculada ao Ministério do Meio Ambiente. É um órgão executivo, responsável por implementar as Políticas Nacionais do Meio Ambiente.

Instituto Chico Mendes (ICMBIO)

<www.icmbio.gov.br>

Vinculada ao Ministério do Meio Ambiente, a autarquia executa as ações do SNUC. Propõe, implanta, gere, protege, fiscaliza e monitora as UCs instituídas pela União.

Instituto de Pesquisa Ambiental (Ipam)

<www.ipam.org.br>

Organização científica, não governamental e sem fins lucrativos que há dezessete anos trabalha por um desenvolvimento sustentável da Amazônia.

Instituto Nacional de Pesquisas da Amazônia (Inpa)

<www.inpa.gov.br>

Instituição pública educacional e de pesquisa, subordinada ao Conselho Nacional de Pesquisas, com a finalidade de fornecer dados sobre a região amazônica.

Instituto Nacional de Pesquisas Espaciais (Inpe)

<www.inpe.br>

Criado em 1961, o instituto promove e realiza estudos, pesquisas científicas, desenvolvimento tecnológico e formação de profissionais, nos campos da ciência espacial, da atmosfera e das aplicações espaciais, da meteorologia, conforme as políticas e diretrizes definidas pelo Ministério da Ciência e Tecnologia.

Instituto Socioambiental (ISA)

<www.socioambiental.org>

Fundado em 22 de abril de 1994, o instituto incorporou o patrimônio material e imaterial de quinze anos de experiência do Programa Povos Indígenas no Brasil do Centro Ecumênico de Documentação e Informação (PIB/CEDI) e o Núcleo de Direitos Indígenas (NDI) de Brasília. Organiza e disponibiliza importantes documentos e pesquisas sobre questões indígenas e ambientais.

Ministério do Meio Ambiente (MMA)

<www.mma.gov.br>

Tem como missão promover a adoção de princípios e estratégias para o conhecimento, a proteção e a recuperação do meio ambiente, a valorização dos serviços ambientais, o uso sustentável dos recursos naturais, entre outros, em âmbito federal.

Parque Nacional das Emas

<www.parquenacionaldasemas.org.br>

Portal do maior parque do cerrado brasileiro, que fica no sudoeste do Estado de Goiás.

Plano Amazônia Sustentável (PAS)

<http://www.mi.gov.br/desenvolvimento regional/publicacoes/pas.asp>

Coordenado pela Secretaria de Assuntos Estratégicos (SAE), o documento apresenta quatro diretrizes estratégicas para o desenvolvimento da região: ordenamento territorial e gestão ambiental, produção sustentável com inovação e competitividade, implantação de infraestrutura para o desenvolvimento sustentável e inclusão social e cidadania com a adoção de programas de atendimento a desempregados da região Norte.

Reserva da Biosfera da Caatinga

<www.biosferadacaatinga.org.br>

Área reconhecida pela Unesco, criada em 2001, envolvendo dez Estados, abrange uma área de 189 990 km². Suas prioridades, além da conservação da rica biodiversidade regional, são o combate à desertificação, a promoção de atividades sustentáveis, o estudo e a divulgação de dados sobre esses importantes ecossistemas.

Reserva da Biosfera da Mata Atlântica

<www.rbma.org.br>

Área reconhecida pela Unesco, em cinco fases sucessivas entre 1991 e 2002. É a maior reserva da biosfera em área florestada do planeta, com cerca de 35 milhões de hectares, abrangendo áreas de 15 dos 17 estados brasileiros onde ocorre a mata atlântica, o que permite sua atuação na escala de todo o bioma. Neste *site*, também estão reunidas informações sobre a Reserva da Biosfera do Pantanal, Reserva da Biosfera da Amazônia e Reserva da Biosfera do Cinturão Verde de São Paulo <www.rbma.org.br/rbma/rbma_fase_vi_07_rbcv.asp>.

RIO+20 (Conferência das Nações Unidas sobre Desenvolvimento Sustentável)

<www.rio20.gov.br>

A conferência, realizada em 2012 na cidade do Rio de Janeiro, marcou os vinte anos de realização da Rio-92 e contribuiu para definir uma agenda internacional de desenvolvimento sustentável para as próximas décadas. Seu portal inclui panorama das conferências, notícias, eventos paralelos, temas discutidos, propostas do governo brasileiro etc.

Serviço Florestal Brasileiro – Sistema Nacional de Unidades de Conservação (SNUC)

<www.florestal.gov.br/snif/recursos-florestais/sistema-nacional-de-unidades-de-conservacao>

Detalha o sistema de conservação de florestas em áreas públicas, responsável por garantir a preservação da diversidade biológica das Unidades de Conservação, promovendo o desenvolvimento sustentável com o uso consciente dos recursos naturais, protegendo as comunidades tradicionais, seus conhecimentos e sua cultura.